부의 절대 솔루션

부의 절대 솔루션

초판 1쇄 인쇄 2021년 3월 23일
초판 1쇄 발행 2021년 3월 30일

지은이 한스 존슨 **옮긴이** 박홍경

펴낸이 이상순 **주간** 서인찬 **영업이사** 박윤주 **제작이사** 이상광

펴낸곳 (주)도서출판 아름다운사람들
주소 (10881) 경기도 파주시 회동길 103
대표전화 (031) 8074-0082 **팩스** (031) 955-1083
이메일 books777@naver.com **홈페이지** www.book114.kr

ISBN 978-89-6513-639-2 03320

이 도서의 국립중앙도서관 출판예정도서목록(CIP)은 서지정보유통지원시스템 홈페이지(http://seoji.nl.go.kr)와
국가자료종합목록시스템(http://www.nl.go.kr/kolisnet)에서 이용하실 수 있습니다. (CIP제어번호 :
CIP2019009352)

파본은 구입하신 서점에서 교환해 드립니다.

부의 절대 솔루션

한스 존슨Hans Johnson 지음

박홍경 옮김

차례

1장 부의 핵심 비결

돈을 위해 일하지 말고
돈이 나를 위해 일하게 하라

| 2장 | 부의 토대 |

가장 중요한 것은 맥락이다

5장 자산

어떤 상황에도 자산이 증가하는
핵심 투자 규칙

들어가며

|

세계에서 가장 똑똑한
자산구축자 몇 사람만 아는 비밀

얼마 전 뉴스에 '사라진 6억 5,000만 달러'를 처리하느라 고생하는 유명 연예인의 소식이 나온 적이 있다. 초고액자산가인 이 연예인은 자신에게 잘못된 조언을 했거나 통제 불능의 생활과 지출을 억제하지 못했던 매니저를 '신뢰하고' 의지했다. 많은 고발과 소송이 오가는 떠들썩한 사건이다. 이 사건이야말로 이 책이 존재하는 이유를 완벽하게 보여준다.

누가 피해자인가? 누가 악당인가?

이 연예인을 보면서 '어리석기도 하지! 바보 같으니! 나한테는 저런 일이 절대 일어날 리가 없지'라고 생각하기 십상이다. 분명히 말하자면 공인은 삶에서 엄청난 압박을 받으면서 살아가고 이는 근본적인 문제를 더 악화시키기만 한다. 사생활이 없다는 것은 큰 문제다. 사건 주인공의 경우 한 달에 200만 달러를 쓰는 습관으로도 그러한 공백을 메울 수 없었다.

'돈을 더 많이 벌면 문제가 해결되고 행복해지겠지'라고 생각하는 사람들이 있다면 이 책을 반드시 읽어보길 바란다.

유명 연예인이 불행을 겪은 원인이 무엇일까?

그 연예인도, 그가 고용한 최고의 변호사나 재무 자문인도 현금흐름과 비현금흐름 자산의 차이를 이해하지 못했던 것으로 보인다. 이 책에서는 두 개념의 차이를 독자의 머릿속에 지겹도록 주입할 것이다. 하지만 문제는 여기에서 그치지 않는다.

비난받아야 마땅한 사람은 누구인가?

물론 비난할 대상은 많지만 궁극적으로 책임을 지게 되는 것은 결국 한 사람이다. 현실을 말하자면 나 자신이 직접 감당하지 않는 일을 누구도 대신해주지 않는다. 다시 말해 재무 상태와 행복 또는 불행에 대한 책임은 오롯이 나, 나 자신에게 있다는 말이다. 누구도 나의 일을 책임져 주지 않는다.

이 말에 불편함을 느낀다면 잠시 책을 덮어도 좋다. 곧 설명하겠지만 이 불편한 진실을 이해하고 동의하는 데서 자유가 시작되기 때문이다. 나 역시 이러한 현실을 직시해야만 했으며 분명히 말하지만 쉬운 일이 아니었다. 남을 비난하는 일은 언제나 더 쉬운 법이며, 자신이 잘못됐다고 느끼거나 이용당했다고 생각할 때는 더욱더 그렇다.

생계를 근근이 꾸려나가는 가족은 어떠한가? 이 가족이 재정적인 노예 상태에서 벗어나 자산을 불리기 시작하려면 어떻게 해야 할까? 이 책은 그러한 우려에도 답을 해준다.

나는 이러한 질문과 더불어 나 자신, 가족, 고객의 돈과 자산에 대한 다양한 질문에 답하는 일에 많은 시간을 들여왔다. 진정한 자산가가 되는 비결은 자아를 발견하고 세상에 떠도는 수많은 재무 정보와 잘못된 정보를 자세히 살펴서 자동으로 반복되는 결과를 내는 안정적인 체계를 발전시키는 개인적인 여정의 결과물이다.

이 책을 쓴 이유가 무엇일까? '어떻게 하면 자유로워지는가? 내가 돈의 노예가 되지 않고 돈을 노예로 만드는 방법이 무엇인가?'라는 아주 오래된 질문에 답하기 위해서다.

학교에서는 내가 이 책에서 공유한 정보를 알려주지 않는다. 세계에서 가장 똑똑한 자산 구축자 몇 사람만 아는 비밀이다. 진정한 자산가가 되는 비결이라는 자유를 향한 로드맵이자 청사진을 만나게 된 것을 축하하며 이 여정을 즐기시기를 응원한다!

돈을 위해 일하지 말고
돈이 나를 위해 일하게 하라

부자가 되는 핵심 비결

내가 처음 사업에 뛰어든 것은 여덟 살 때인 데 당시에는 하와이의 코나에서 살고 있었다. 우리 집은 가난해서 정부에서 지원금을 받았고 식료품, 학용품, 기타 생필품을 사려면 돈이 더 필요했다. 우리 집에는 아버지가 없었기 때문에 어머니가 싱글맘으로서 고군분투했고 3~6개월마다 이사를 해야만 했다. 푸드스탬프(미국에서 저소득층에 식품 구매용 바우처나 전자카드를 매달 제공하는 식비 지원 제도 - 역자 주) 덕분에 굶지는 않았지만 늘 상황이 변화했다. 나와 남동생은 처마가 있는 베란다에서 박스스프링 매트리스에 누워 잘 때가 많았다. 방과 후에 꽃목걸이를 만들기 시작한 것도 이때부터였다.

집에 도착하면 근처에 있는 플루메리아 나무에서 꽃을 꺾어서 하와이에서 전통적으로 환영할 때 쓰던 화환을 만들었다. 완성되면 알로하셔츠를 입고 대나무 장대에 꽃목걸이를 걸어 동네에 나가 관광객에게 팔았다. 작은 아이가 하기에는 끔찍한 일이라고 생각하는 사람도 있겠지만 나로서는 자유를 만끽할 수 있는 강렬한 경험이었다. 거리를 나다닐 기회였을 뿐만 아니라(어린아이가 무얼 더 바라겠는가?) 인생에서 매우 값진 교훈도 얻었다.

오래 지나지 않아 나는 고된 노동의 가치를 알게 되었다. 무언가를 간절히 원하고 그걸 얻기 위해 일할 의지가 있다면 얼마든지 얻어낼 수 있다는 교훈이었다. 영업의 기본기를 익힐 뿐만 아니라 거절에 대처하는 방법도 익힐 기회였다. 꽃목걸이 사는 것을 원치 않는 사람도 있었고 구박당하기 일쑤였다. 꽃목걸이는 오랫동안 보관하기가 어려웠기 때문에 시간을 관리하는 법과 가격을 할인해야 하는 시점을 파악해야만 했다. 불안정하고 가난한 환경에서 자랐어도 기업가정신, 인내, 적응이라는 중요한 기술을 얻을 수 있었다.

오늘날 청소년들에게는 내가 어릴 때 그랬듯 생각을 틔워주는 기회가 별로 없다. 다행스럽게도 어머니는 나를 믿어주셨다. 다시 말하지만 모든 어린아이가 나와 같은 경험을 하는 것은 아니다. 용기를 북돋아 주신 어머니께 언제나 고마움을 느낀다. 열두 살이 되었을 때는 불안정한 집안 사정 때문에 어머니, 할머니와 할아버지, 아버지 친구분들의 집을 오가면서 컸다. 이때부터 재정적으로 독립해야겠다는 꿈을 꾸기 시작했던 것으로 기억한다. 언젠가 기필

코 백만장자가 되겠다고 다짐했다. 내가 유년기를 보낸 방식으로 내 아이를 키우고 싶지 않았다. 열여섯 살 이후에는 독립해서 생활했다.

절제된 표현을 쓰자면 짧은 어린 시절을 보내면서 생존하는 법을 터득한 것이지만 언제나 긍정적인 측면에 집중하려고 했다. 가난한 사고방식이 일으키는 지체 효과(이미 해결된 일이 후에도 영향을 끼치는 것- 역자 주)를 없애려고 노력하면서 깨달은 것이 있었다. 가난에 처하게 되는 것에 대한 마음속 깊은 곳의 두려움이 돈과 다른 사람과의 관계에 영향을 미치고 있었다. 나의 사고방식, 프로그램, 신념체계는 삶을 바라보는 시각을 형성하고 자산을 불리는 과정에 거대한 장벽이 된다. 이 부분에 대해서는 나중에 자세히 다룰 것이다.

어린 시절에 겪은 혼란 덕분에 얻은 긍정적인 결과가 또 있는데 바로 무술 훈련이다. 다미앵(Damien)이라는 남자와 같이 훈련을 했는데 처음에는 몰랐지만, 그는 백만장자였다. 훈련 중에 다미앵은 99%와 1%의 차이에 대해 말했다. 그는 99%의 사람은 서둘러 도망칠 궁리를 하지만 1%의 사람만 포기하지 않는다고 했다. 이후 점점 더 많은 시간을 다미앵과 보냈다. 그는 아버지와 같은 사람이자 최초의 자산 관리 멘토가 되어주었고 지금까지도 가깝게 지내고 있다. 다미앵에게 배운 모든 것에 감사한다.

다미앵은 내가 돈을 벌려는 의지가 있는 것을 알고 있었다. 나는 성공에 대해 끊임없이 질문했는데 어느 날 그가 내게 비밀을 알려줬다. 부자가 되는 첫 번째 비결은 내가 돈을 위해 일하는 것이 아니라 돈이 나를 위해 일하게 만드는 것이다.

그 말을 처음 듣자마자 적어두었다. 내 생각과 마음 깊은 곳에 세월이 흘러도 변함없는 지혜의 씨앗을 심었다. 활짝 꽃을 피우기까지 물을 주고 꼼꼼하게 살피는 데 오랜 시간이 걸렸다.

근면만으로는 부족하다

고등학교 졸업을 며칠 앞두고 절친한 친구인 크리스가 수중건설 회사의 운전자로 취직할 수 있게 도와줬다. 정말 마음에 드는 일이었다. 나는 수송팀에서 가장 나이가 어린 운전사였다. 흥미로운 일이었고 내향적인 성격에도 잘 맞았다. 일주일에 무려 50~60시간을 일했으며 당시의 내가 굉장한 소득이라고 생각하던 돈도 벌었다. 마침내 돈을 저축하는 길에 접어들 수 있었고 경제적인 독립에 대해 더욱 진지하게 생각하기 시작했다.

팀에서 연봉을 가장 많이 받는 사람은 마일스라는 선임 운전사였다. 그는 북해에서 심해 서식지 운전사로 일했는데 한번 수중에 들어가면 몇 주일 동안 거기서 생활했다. 팀에서 청년들에게 문제가 생기면 어김없이 마일스를 찾아갔다. 우리는 그를 '수중 맥가이버'라고 불렀고 존경했다. 마일스는 우리가 모두 이루고자 하는 목표이자 정점을 상징하는 인물이었다.

시간이 지나면서 나는 마일스가 주 6일을 일하면서 섬에서 주택 가격이 저렴한 동네에 산다는 것을 알게 되었다. 주중에 그는 낡은 픽업트럭 짐칸에서 야영했고 토요일 밤마다 두 시간씩 운전해서 아내와 돌잡이 아들을 만나러 갔다. 일요일 저녁에는 섬에서 우리가 머무는 지역으로 돌아왔고 월요일 아침부터 다시 일했다. 나는 그런 삶을 살고 싶지 않았다. 마일스는 30대 중반에 불과했지만, 운전 업무가 신체에 가하는 스트레스 때문에 50대로 보였다.

점차 내가 원하는 경력이 아니라는 생각이 들었다. 단지 살기 위해 일을 열심히 하는 것은 어리석은 일이었다. 경력의 정점에 도달하고 다 가진 듯 보이지만 실은 가족과 시간을 보낼 여유도 없이 근근이 생활하는 삶은 원치 않았다. 그러자 상황이 다르게 보이기 시작했다. 어릴 때부터 질문하는 습관이 있었던 나는 일이 왜 그런 식으로 되었는지를 끊임없이 묻곤 했다. 나는 마주한 현상에 문제를 제기하는 것을 전혀 두려워하지 않았다. 기업가 활동에 대해 고민했고 내 사업을 하는 것에 대해 다시 생각하기 시작했다. 그때가 열여덟 살이었고 이후 다시는 다른 사람 밑에서 일하지 않았다.

그즈음 에너지가 넘치는 다니라는 여자 친구와 교제하고 있었다. 나보다 연상이었던 다니는 새로 사업을 시작했고 무일푼에서 월 만 달러를 버는 사업가로 변신했다. 당시의 나로서는 상상조차 안 되는 금액이었다. 이 열정적인 젊은 여성은 나의 사업 코치가 되었고 나는 다니가 하는 일을 보고 배울 수 있었다. 나는 배우는 일에 완전히 정신이 팔렸고 모든 세미나에 참석했으며 눈을 뜨고 있는 모든 시간에 교육 오디오를 들었다. 사람들 앞에서 물건을 팔고 말하는 걸 두려워했지만 이를 극복하는 법을 배웠다. 나는 인생에서 처음으로 희망을 품었다. 다니는 다른 사람이 성공하도록 훈련하고 동기를 부여하는 세계 최고의 전문가였고 지금도 마찬가지다.

그러다 전혀 예상하지 못한 일이 벌어졌다. 다니와 나는 사랑에 빠졌고 캘리포니아로 이주한 뒤 결혼하여 가정을 이뤘다. 어떻게 그런 일이 벌어졌을까? 나 같은 단세포적 해변 출신 풋내기에게 인생은 너무나 빨리 돌아갔다. 젊지만 (아둔한)남편이자 아버지로서 삶의 무게, 압박감, 책임감을 느끼면서 스트레스가 컸다. 시간이 흐르고 사업에서 경험이 쌓이면서 재정 독립성을 이루고 아이들은 나와 같은 유년기를 보내지 않게 하겠다는 다짐이 떠올랐다. 나는 결혼생활과 인생에서 성공을 거두기를 절실하게 원했다. 다미앵이 해줬던 말이 떠올랐고 '돈이 나를 위해 일하도록 만드는 방법'에 대해 진지하게 고민하기 시작했다. 하지만 그렇게 되려면 돈을 얼마간 더 벌어야 했다.

어떻게 돈을 벌 것인가? 근근이 생활하는 가난의 사이클을 끊고 재량 소득(가처분소득에서 기본 생활비를 뺀 잔액 - 역자 주)을 저축하려면 어떻게 해야 할까? 우리 부부는 기업 활동에서 큰 소득을 얻고 있었지만, 저축하거나 진정한 부를 쌓고 있지는 않았다. 늘 돈을 벌기 위해 일하는 대신 돈이 우리를 위해 일하도록 하려면 어떻게 해야 할까? 그렇게 할 수 있는 체계적인 방법이 있으면, 자산을 불리는 과정을 자동화하고 실패를 방지할 수 있을까?

이러한 질문에 답을 찾다 보면 평생 부에 관한 불변의 법칙을 성찰하고 실험하고 조사하는 여정에 발을 들여놓게 된다. 진정한 부를 정의하고 그러한 부를 얻고 지키고 불리는 과정이다.

이와 같은 사항이 이 책의 핵심 주제다. 돈, 성공, 정보 조사에 관한 수많은 정보가 있지만 따라 할 수 있는 구체적인 단계가 있는 탄탄한 기초 전략을 제공하지 못하는 경우가 대부분이다.

나는 또 하나의 유행이 아니라 테스트 되고 검증되었으며 지속력을 갖춘 '변함없는' 공식을 만들고자 했다. 이 책은 그러한 체계를 정교하게 가다듬은 다년간의 연구 결과이며 나와 내 가족이 재정적으로 자유를 누리면서도 동시에 내적 성취감을 느낄 수 있도록 삶에 이 공식을 적용하기 위해 알아야 할 사항을 가르쳐줄 것이다.

큰 그림

이 책에서 설명한 단계를 따르면 어떤 환경에 처해있든 부자가 될 수 있다. 진정한 자산가가 되는 비결(True Wealth Formula, TWF)은 자산을 늘리는 사고와 주된 전략의 틀이다. 가난한 삶을 살던 때부터 풍요와 경제적 독립을 누리는 환상적인 삶을 살기까지 오랜 기간 터득한 모든 비결을 종합했다.

이 책의 대부분은 자산을 늘리는 원칙과 기술의 핵심 전략에 집중하지만 진정한 부가 무엇인지 그 의미 자체도 살핀다. 재정적인 성공은 목적을 이루기 위한 수단이다. 그 목적을 정의하는 것은 중요하면서도 개인적인 것으로서 각자가 자신만의 목적을 파악해야만 한다.

안타깝게도 시간을 들여 부나 성공을 정의하는 사람은 매우 드물다. 우리는 인생을 통틀어 목적을 추구하지만 잠시 멈추어 서거나 속도를 늦춰서 '지금 무엇을 추구하고 있는가? 내 꿈을 좇고 있는가 아니면 내가 설득당하거나 받아들이도록 프로그래밍 된 남의 꿈을 좇고 있는가? 같은 큰 그림에 시선을 고정하는 것은 결과에 관심을 기울이는 것만큼이나 중요하다. 이 책은 독자들이 두 가지 모두를 해낼 수 있도록 돕는다. 부를 창출하는 매뉴얼이자 성취감을 느끼고 성공적인 삶을 살기 위한 철학이기도 하다. 사실 진정한 자산가가 되는 비결은 삶을 정립하는 종합적인 체계라고 할 수 있다. 돈을 벌더라도 영혼을 잃어버린다면 정말로 비참한 삶이기 때문이다.

돈과 행복의 사분면

가난한 유년기를 지나 청년 기업가이자 남편, 아버지로서 몸부림치면서 젊은 날부터 사업과 돈에 집중했다. 시간이 흘러서야 부에는 돈보다 훨씬 더 많은 요소가 관련되어 있음을 이해할 수 있었다. 우리의 모든 필요가 채워지자 '다음에는 무엇을 추구해야 하는

가?'라는 질문에 직면해야 했다. 그러면서 부와 자유의 개념을 더 깊이 생각하기 시작했다. 진정한 부를 향해 가는 여정을 떠나면서 최종 목적지를 염두에 두고 '필요한 모든 돈을 갖게 되면 시간을 어디에 사용할 것인가'라는 질문을 스스로 묻는 것이 중요하다. 나중에 이 질문을 다시 살펴볼 것이다.

우리는 사람들이 역사상 그 어느 때보다도 화려하고 풍요로운 생활을 하는 시대에 살고 있다. 이와 동시에 더 많은 사람이 비참한 삶을 살고 있다. 자연스럽게 '행복을 느끼고 성공했다고 생각하기 위해서는 얼마가 필요한가?'라는 질문을 던지게 된다.

최근 프린스턴 대학교에서 돈과 행복의 상관관계에 관한 연구를 수행했는데 그 결과가 이 문제에 답을 준다. 연구팀은 사람이 더이상 추가 소득에 대해 같은 만족감을 느끼지 못하는 수준이 얼마인지 물었다. 그러자 연 75,000달러가량으로 나타났다. 물론 이 수치는 응답자의 거주 지역에 따라 달라질 수 있다. 샌프란시스코에서는 미국의 다른 지역에 비해 75,000달러가 큰 가치를 지니지 못한다.

이 연구에서 흥미로운 점은 사람이 일단 풍족한 삶을 살게 되고 모든 청구액을 처리하고도 남는 돈을 얻더라도 반드시 더 행복해지는 것은 아니라는 사실이다. 각각 37,500달러와 75,000달러 규모의 삶이 질적으로 큰 차이가 있더라도 75,000달러와 15만 달러 사이에는 삶에서 느끼는 행복이 미미하게 증가할 뿐인 것으로 연구 결과 나타났다. 어느 정도를 넘어서면 소득이 두 배가 된다 해도 행복도가 두 배로 증가하지 않을 수 있는 것이다.

돈으로 행복을 살 수 없다고들 하지만 어느 선까지는 돈으로 행복을 살 수 있는 듯 보인다. 그 선을 넘어가면 수확 체감이 일어난다. 심지어 소득이 증가함에 따라 행복이 줄어드는 일도 있다.

우리는 부유할 때와 가난할 때 모두를 경험했다. 당연히 부유한 편을 선호하지만, 이제는 돈이 더 많으면 더 행복해지리라는 생각으로 나 자신을 속이지 않는다. 기이하게도 돈이 더 많아짐에 따라 부담이 커지는 경우가 많다.

오랫동안 이어져 온 이 역설과 충돌 상황을 해결하기 위해 이른바 '돈과 행복의 사분면'을 소개하고자 한다.

거의 모든 인생은 돈과 관계라는 두 개의 핵심 요소로 나뉜 영역에 해당한다. 삶에서 돈과 관계에서 우선순위를 어디에 두느냐에 따라 사람을 네 가지 유형으로 나눈 것이다.

가로 방향(X축)은 물질적인 성장이나 돈을 나타내며 세로 방향(Y축)은 영적 성장이나 행복을 나타낸다. 사분면은 그 속에서 사람들이 처하게 되는 위치나 삶의 경험 네 가지를 보여준다.

〈돈과 행복의 비교〉

행복(관계)	
영성이 뛰어난 가난뱅이	자산 구축자
가난하고 어려운 사람	비참한 부자 놈

돈(기술)

표의 왼쪽은 돈이나 자원이 충분하지 않은 상태이고 오른쪽은 재정적으로 풍요로운 상태에 해당한다. 왼쪽 위에 있는 사람은 관계, 사랑, 자족, 영성, 성취에 가치를 둔다. 왼쪽 아래에 있는 사람은 자신, 프로젝트, 물건, 물질적인 소유를 중요시한다.

비참한 부자 놈

사분면에서 오른쪽 아래에 해당하는 사람은 돈과 물질적인 소유가 있으며 자신의 부유함과 성취를 종종 과시해야 한다. 나는 이러한 사람들에게 애정을 담아 '비참한 부자 놈'이라는 이름을 붙였다. 이 명칭에 기분이 나쁜 사람도 있겠지만 나 자신이 그러한 삶을 살았고 그러한 경험은 썩 좋지 않았다.

비참한 부자 놈들은 사회에서 기대하는 행복과 성공에 따라 삶을 산다. 멋진 차를 사고 값비싼 옷을 입으며 다음에 이뤄야 할 목표를 성취하는 데 집중하고 강조하지만, 현재나 이미 이룬 성공에 대해 전혀 즐거움이나 성취감을 느끼지 못한다. 이러한 유형은 대체로 사람, 관계보다는 위치, 물질적 소유, 인정, 성취를 중요시한다.

종종 비참한 부자 놈은 프로젝트를 추진하고 일을 잘 끝맺고 어떤 일에 집중하는 법을 터득하지만, 관계를 유지하는 방법에 주목하지는 않는다. 극단적일 때 파괴적인 발자취를 남기고 가까웠던 사람들에게 이용당하고 학대당했다고 느끼게 한다. 자기 인식이

떨어지거나 자신의 행동을 성공 기제로 합리화하거나 자신이 옳다고 믿을 수도 있다.

비참한 부자 놈을 움직이는 근본적인 동력은 두려움이다. 절대 만족하는 법을 모른다. 행복을 가져다줄 것으로 생각하는 목표를 이룰 때마다 그 행복은 사막의 신기루처럼 사라진다. 이와 동시에 또 다른 목표가 먼 곳에서 다가오거나 도전과제가 생긴다. 비참한 부자 놈은 외로운 감방에서 산다. 겉으로는 모든 것을 다 갖춘 듯 보이지만 깊은 내면에는 불안하고 비참한 사람이 있을 뿐이다.

비참한 부자 놈이 가까이 지내는 사람에 대해 가치를 인정하고 배려하는 예도 있지만, 관계를 유지하는 것보다 프로젝트를 추진하는 일에 더 뛰어나다. 관계는 스트레스를 줄 뿐이다. 그래서 비참하고 딱하게도 자신이 통제할 수 있다고 생각하는 일과 성취감을 주는 일에 집중하는 경향이 있다. 여러 해 동안 나 자신이 겪었던 일이었다. 두려움, 과거의 경험, 마음 깊은 곳의 문제로 인해 나 자신을 가둬 놓고 건전하지 못한 방식으로 수동적 공격 성향(passive-aggressive)을 드러냈고 이는 나 자신과 남들을 다치게 했다.

가난하고 어려운 사람

사분면에서 왼쪽 아래에는 가난하고 어려운 사람이 있으며 비참한 부자 놈의 반대에 해당한다. 대다수 사람은 이런 식으로 삶을 시작한다. 학교에 진학하고 취직을 하고 신용카드든 학자금 대출이든 많은 빚을 지거나 이 직장에서 다른 직장으로 옮긴다. 소득은 근근이 생활하기에도 벅차며 많은 경우 다른 사람들에게 여러 형태로 재정적인 도움이나 지원을 받는다.

건강하고 신체가 온전한데 권리 의식의 덫에 갇혀 가난하고 어려운 상태를 절대 벗어나지 못하는 사람들이 있다. 다른 사람이 자신에게 빚진 것이 있다는 느낌으로 평생을 살아가고 자신의 두 발로 서서 삶을 꾸려가는 법을 전혀 배우지 않는다. 가족, 친구나 정부의 사회보장 프로그램에 의존하는 삶을 계속 살아간다. 진전이 일어나지 않는 것에 대해 남을 탓하면서 자신의 삶에 온전한 책임을 지지 않는다. 일시적인 지원을 받는 것과는 다른 문제다. 누구나 운이 따르지 않거나 힘든 시기를 겪지만, 다시 자기 힘으로 일어서고 최대한 빨리 자립하기 위해 더 많이 노력하고 일해야 한다. 일부 사람들이 생각하는 것과 반대로 신체적인 노동과 수고는 정신건강에 유익하다. 생산성을 유지하면 기회와 힘이 생기고 여러 바람직한 방법으로 시너지가 일어난다.

영성이 뛰어난 가난뱅이

상단에서 왼쪽 위는 영적으로 집중력이 뛰어나지만, 빈털터리인 유형이다. 이러한 사람들을 알고 있을 것이고 내 주변에도 있다. '이 땅의 소금'과 같은 유형으로서 가치 있는 대의가 이끄는 삶을 살거나 개인적인 문제보다 더 중요한 문제를 해결하려 애쓴다.

외부의 일에 집중하며 비영리단체를 통해 다른 사람을 돕거나 교회 관련 활동에 주력한다. 재정적으로 어려운 경우가 많으며 '기금을 모으거나' 친구, 가족의 도움을 얻어 살아간다. 영성이 뛰어난 가난뱅이는 제때 돈을 내지 못하더라도 행복하고 만족감을 느끼는 경우가 많다.

타인을 돕는 일에 부름을 받은 사람들은 사회에 반드시 필요한 존재다. 역사적으로 이런 사람들은 과부, 고아, 장애인, 신체적으로 일과 생계를 이어갈 수 없는 사람들을 돕는 중요한 역할을 했다. 하지만 많은 경우 영성이 뛰어난 가난뱅이들은 돈에 관해 가난하고 어려운 사람과 유사한 사고를 하며 변명거리를 가지고 있다. 그 기저에는 판단, 합리화나 지원금에 대한 신념체계가 자리 잡은 경우가 많다. 또 다른 경우에는 개인적으로나 재정적으로 타격을 입는 희생을 하는데, 이 책에서 다루는 '진정한 자산가가 되는' 사고방식과 기술 개발을 받아들일 필요가 있다.

자산 구축자

사분면에서 오른쪽 위는 자유, 안전, 성취감을 갖춘 자산 구축자 유형이다. 진정한 자산가가 되는 비결에서 스위트 스폿(sweet spot, 공을 칠 때 많은 힘을 들이지 않고 원하는 방향으로 멀리 날아가게 만드는 최적의 지점 – 역자 주) 혹은 목표로 삼아야 할 영역이다.

국적, 인종, 문화, 종교와 무관하게 모든 인간의 영혼 깊은 곳에는 자유, 안전, 성취감을 원하는 내면의 열망이 자리하고 있다. 행동하고 생각하고 말하는 바를 지시하는 타인이나 독재 정권에 억압받거나 조종당하는 것을 원하는 사람은 아무도 없다. 사상, 표현, 언론, 이동, 사생활의 자유는 가장 기본적인 자유이며 인명과 재산이 안전해야 한다. 이 밖에도 자신의 진로를 결정하고 어울릴 상대를 고르고 재정 상태를 개선할 기회를 얻는 등의 자유를 누리는 것이 바람직하다.

자유와 권리가 같지 않다는 점을 이해하는 것이 중요하다. 원하는 대로 행동할 자유가 있다는 것이 곧 내가 원하는 대로 남이 따라야 함을 의미하지는 않는다. 자유를 누리기 위해서는 자신의 행동에 책임을 지고 다른 사람의 인명이나 재산을 침범하지 말아야 한다. 여기에는 어느 정도의 불확실성과 위험이 따르며 많은 경우 안전과 상충된다. 하지만 자유 사회에서는 자유의 우선순위가 더 높으며 다른 무엇보다도 먼저 보호받아야 한다.

우리는 모두 안전을 원한다. 그 누구도 전쟁으로 짓밟힌 나라나 차량을 이용해 총기를 난사하는 지역에 살기를 원치 않는다. 우리는 모두 밤에도 안전하게 거리를 다니고 외로운 늑대의 공격이나 압제 정권에 의한 테러를 두려워하며 살아가기를 원치 않는다. 안전에 대한 갈망은 자유를 향한 갈망과 마찬가지로 보편적이며 이를 얻는 데 재정적인 자원이 큰 역할을 한다.

안전의 또 다른 중요한 측면은 자신의 정체성에 자신감을 느끼는 것이다. 질투, 시기나 비정상적인 자존심 등을 통해 자신에 대해 확신이 없는 사람은 스스로와 주변인을 비참하게 만든다.

마지막으로 성취감을 살펴보면, 목표를 품으면 삶에 의미가 생기며 특히 개인적인 필요와 목표의 달성을 뛰어넘는 목표가 있을 때 더욱더 그렇다. 성취감은 행복에서 가장 중요한 요소일 것이다. 단지 해냈다는 느낌이나 동료와 사회 집단에 인정을 받는 것에 그치지 않는다. 정신적인 정체성, 강인함, 만족이라는 깊은 우물에서 끌어 올리는 감정이며 다른 사람들과의 원만한 관계와 그들의 삶에 이바지하는 데서 비롯될 뿐만 아니라 개인의 성장에서도 느낄 수 있다.

분명한 선택

사람들이 돈과 행복이라는 연속체에 부딪힐 때마다 목표가 무엇인지, 정체성이 무엇인지가 드러난다. 돈을 좇다가 건강이나 원만한 관계를 희생한다면 얼마나 성공을 거두든 상관없이 결국 비참한 상태에 빠지고 만다. 반대로 개인적인 필요를 희생시켜 남들에게 더 집중하면 편안하게 살지 못하고 남에게도 큰 도움이 되지 못할 수 있다. 우리가 남의 도움이 필요한 상태가 되면 세상과 다른 사람에게 미치는 영향이 제한될 수밖에 없다. 때로는 자신의 힘으로 서는 것이야말로 남을 도와주는 최고의 방법이며 약자가 아닌 강자의 위치에서 베풀 수 있다.

돈과 행복으로 나눈 사분면은 우리의 선택을 분명하게 만들고 부자와 천국에 대해 오래전부터 전해오는 종교적 모순을 해결해 준다. 돈과 행복에는 상관관계가 있으나 상호 의존적이지는 않다. 상관관계와 인과관계는 같은 개념이 아니다. 돈이 불행의 원인이 아니듯 해결책도 아니다. 중요한 대의나 원만한 관계에 집중하기 위해 꼭 가난하고 어렵게 살거나 영성이 뛰어나지만, 빈털터리로 생활할 필요가 없다. 부유해지기 위해 비참한 사람이 될 필요도 없다. 언제나 또 다른 옵션이 존재한다. 신념, 우선순위, 배우고 열심히 일하려는 의지가 사분면에서 우리가 처하는 위치를 결정한다.

간절히 원한다면 시선을 사분면의 오른쪽 위에 고정하고 자유, 안전, 성취감을 얻을 수 있다. 진정한 자산가가 되는 비결은 세상의 일시적인 부를 위해 관계나 훌륭한 삶을 희생시킬 것을 장려하지 않는다. 이와 동시에 성취를 이루고 차이를 만들기 위해 꿈을 추구하거나 최선을 다하는 것을 가로막아 포기하도록 만들지도 않는다.

돈의 축에서 이동할 수 있는 해법은 기술 개발이다. 행복의 축에서 이동하는 방법은 영적인 발전과 관계에 있다. 더 행복해지고 싶다면 조물주와 주변 사람에게 더 많은 시간을 쏟아야 한다.

압제 정부와 신체적 또는 정신적 장애에 시달리는 경우를 제외한 대부분은 현상을 고수하고 사분면에서 자산 구축자로 이동하지 않는 근본 원인에는 핵심 신념체계와 피해자 행세가 있다.

어느 정도의 불행이나 불편은 우리가 성공할 만한 일을 하도록 동기를 부여한다. 일반적으로 편안함을 누리는 사람에게는 변화하고 새로운 기술을 배우거나 사고와 신념 패턴에 도전을 제기할 이유가 없다. 현재 자산 구축자 사분면에 있지 않으며 보다 부유하고 성취감 있는 삶을 원한다면 이 책이 자산 구축자 사분면에 도달하도록 안내하는 길잡이 역할을 할 것이다.

더 높은 우선순위

우리 삶에서 관계가 얼마나 중요한지를 보여주는 연구가 시행된 적이 있다. 연구팀은 은퇴하기 전에 가장 큰 걱정거리가 무엇인지 물었는데 응답자들은 돈을 많이 벌지 못할까 우려스럽다고 답했다. 몇 년 후 같은 응답자들이 은퇴한 후 같은 질문으로 후속 연구를 수행했는데 이번에는 답이 외로움이었다. 이 연구는 인생에서 무엇이 가장 중요한지를 분명히 일깨워준다.

자산 구축자는 돈, 지위, 업적보다 관계를 더 중요시하며 핵심적인 관계가 어긋나고 관심을 기울여야 하는 시기를 감지하는 직관력을 키운다. 모든 사람에게 만족을 주기 위해 노력한다는 의미가 아니다. 조물주, 주변인과 적극적이고 건전한 관계를 맺지 않으면 비참한 부자 놈에 불과함을 안다는 뜻이다. 이제 한 걸음 더 나아가 자산 구축 체계에 토대를 계속 만들어보자!

파르테논 구조

진정한 자산가가 되는 비결은 마치 그리스 파르테논의 구조와 같다. 제대로 지으면 시간이 흘러도 굳건한 자산 구축 장치를 마련할 수 있는 청사진을 제공한다.

모든 구조에서 가장 중요한 부분은 바로 토대다. 건물이 웅장할수록 토대가 견고하고 깊어야만 한다. 얕고 취약하거나 허술한 토대에는 높이 솟은 건물을 지을 수 없다. 한동안은 이러한 원리를 무시하고 자연과 물리의 법칙을 피해갈 수 있다고 생각할 수 있으나 곧 균열이 나타나기 시작할 것이다. 틈이 벌어지면 전체 구조가 붕괴할 위험에 처한다.

개인의 재정과 자산 구축에도 같은 원리가 적용된다. 시간이 흘러도 안정적이고 견고한 재무 구조를 갖추고 싶다면 탄탄한 토대 위에 쌓아 올려야 한다.

100층 건물의 토대를 마련하려면 땅을 깊이 파야 한다. 면적 대부분이 물속에 잠겨 있는 빙산처럼 그 토대를 겉에서는 확인할 수 없지만, 분명히 존재한다. 진정한 자산가가 되는 비결에도 같은 원리가 적용된다.

진정한 자산가가 되는 비결의 토대는 역사가 시작된 이래 통용되어 온 보편적 법칙에 대한 지식으로 구성되어 있다. 나는 그 지식이 조물주의 자연법이라고 생각한다. 세상일이 돌아가는 이치를 설명하는 법과 원칙이다.

중력은 자연법의 한 예다. 중력이 존재한다는 것은 사실이다. 우리가 그 사실을 믿든 안 믿든 중력의 효과와 일상에 미치는 영향은 달라지지 않는다. 중력에 대해 한 번도 들어보지 못하고 중력의 개념이나 원리에 대해 모르는 사람이라도 날마다 중력의 영향을 받는다. 재무에 관련된 법과 원칙도 비슷한 방식으로 돌아간다. 우리가 알든 모르든, 믿든 안 믿든 상관없이 우리 삶에 영향을 미친다. 그 법과 원칙은 항상 존재하며 우리에게 유익하거나 무익하게 작용한다.

패턴 인식

역사, 특히 역사적 패턴에 대한 지식은 우리가 사는 어지러운 세계를 이해하는 데 도움이 된다. 우리가 삶의 맥락을 이해하도록 도와주고 자산을 늘리는 체계의 토대에서 중요한 부분을 차지한다. 역사를 공부하는 목적은 이름, 장소, 날짜를 외우기 위해서가 아니다. 우리에게 다음과 같은 지혜, 통찰력, 이해를 추가해준다.

● 정부가 실물 자산으로 통화 가치를 부양하는 대신 통화 가치를 부풀리고 부채로 경제 성장을 견인하는 이유는 무엇인가?

● 부채는 때로 끔찍한 것으로 간주하지만 다른 경우에는 바람직하게 여겨지는 이유가 무엇인가?

● 문화, 인식, 사고방식을 형성한 사회적 신념은 무엇이며 개인의 삶에 어떻게 영향을 미치는가?

● 오늘날에도 대중의 심리, 집단사고, 종족의 반응을 끌어내는 요인은 무엇인가?

● 우리가 같은 실수를 반복하며 역사의 교훈을 잊는 이유는 무엇인가?

● 위에 언급한 모든 문제가 금융 시장에 어떤 영향을 미치며 우리는 이를 어떻게 활용하며 특히 그 영향으로부터 우리를 어떻게 보호하는가?

이를 비롯한 여러 질문에 답하기 위해서는 역사적 추세와 인간의 본성을 이해하여 특정 유형이 계속 반복되는 이유를 파악해야만 한다. 과거에 일이 진행된 방식을 살펴보면 오늘날 그러한 방식으로 일이 돌아가는 이유에 대한 통찰력을 얻을 수 있다. 표면적으로는 달리 보이는 일도 실제로는 그렇지 않을 수 있다. 나와 여러분을 포함한 사람들의 기본적인 심리는 수천 년 동안 변하지 않았기 때문이다.

인간의 행동 역시 자연법에 해당한다. 인간이 얼마나 진화되었든 어떤 문명사회에 살고 있든 상관없이 태곳적 이래 같은 방식으로 생각하고 행동한다. 인간의 불변하는 심리는 행동과 결정을 이끌고 금융 시장과 투자에 영향을 미친다. 대다수 사람은 모든 지식, 자원, 정보에 정통하더라도 두려움과 탐욕이라는 감정에 휘둘려 투자에 관한 의사결정을 잘못된 시기에 내리면서 손해를 입는다. 이는 영원히 바뀌지 않을 것이다. 진정한 자산을 구축하기 위해 닦아야 하는 견고한 토대에는 역사 관련 지식, 문화를 형성한 개념에 대한 친숙함, 조물주의 자연법 이해가 포함된다.

부의 탄탄한 구조

앞에 나온 파르테논 그림에서 토대 위에 세 개의 기둥이 있어 갓돌(지붕)을 지지하고 있다. 진정한 자산가가 되는 비결에서 세 개의 기둥은 곧 부채, 소득, 자산이다. 세 개의 기둥은 자산을 구축하는 장치를 작동시키는 피스톤과 같다고 볼 수 있다. 지붕은 개인이 남기는 유산을 뜻하며 유산이 자산 구조를 만드는 목적을 이끌어야 한다.

진정한 자산가가 되는 비결은 다음과 같은 다섯 개의 부분으로 구성된다.

- 조물주에 대한 지식, 자연법, 인간 본성, 역사적 패턴, 오늘날의 추세, 인간의 사고방식으로 구성된 토대
- 부채라는 기둥
- 소득이라는 기둥
- 자산이라는 기둥
- 유산이라는 갓돌(지붕)

진정한 자산가가 되는 비결은 우리 인생과 자산 구축 과정에 기본 전략을 제공한다. 앞으로 다섯 개의 부분을 각각 깊이 있게 살펴볼 것이다.

자산 구축 도구

진정한 자산가가 되는 비결은 자유, 안전, 성취감을 경험할 수 있도록 길잡이를 해주는 것과 더불어 간단한 자산 관리 및 투자 전략을 포함한다.

이 책에서는 다음을 어떻게 수행할지에 대해 알아볼 것이다.

● 자산 구축을 위해 생각을 다시 프로그래밍하기

● 부채를 없애고 자유를 맛보기

● 신경제에서 살아남고 번성할 수 있도록 효과적인 기술을 개발

● 부자의 자산 관리법과 빈곤층 및 중산층의 자산관리법 간 차이를 파악

● 부자처럼 투자하고 즉시 자산을 불리기

● 절도, 사기를 당하거나 금융 전문가와 자문인에게 형편없는 조언을 얻어 피해를 보지 않기

● 다음 세대까지 이어지고 영향을 미치는 유산을 만들기

돈은 도구일 뿐이다. 이 책에서 못이 박히도록 이야기하듯 돈은 선한 일을 많이 할 수 있다. 돈은 우리 인생의 철학을 보여준다(돈의 기능과 우리가 돈을 사용하는 방법은 뗄 수 없는 관계다). 돈은 가치를 전달한다.

사고방식은 자산 관리에서 중요한 부분을 차지한다. 진정한 자산가가 되는 비결은 평생 배우고 치밀한 검색으로 진실을 찾는 태도를 높이 산다. 진정한 자산가가 되는 비결이라는 사고방식에 따라 끊임없이 자신을 계발하고 탄력성을 갖추면 평생 이어질 모험 여정을 진정으로 받아들인 것이다!

수년 동안 고객들에게 누누이 얘기했듯 진정한 자산가가 되는

비결 관련 체계와 사고방식을 배우면 세상이 이전과는 완전히 달라 보일 것이다. 세상을 새로운 시각으로 바라보고 완전히 다른 관점에서 관찰하게 된다. 일이 그렇게 진행된 이유를 이해하고, 좌절과 혼란에 빠져 괴로움을 당하는 대신 승리를 거두게 될 게임에 바로 뛰어들 수 있다.

이 책은 당신이 필요로 하는 모든 것을 제공하지만 책에서 전달하는 내용을 배우고, 적용하고, 익히겠다는 결단을 내려야만 한다. 자신이 직접 감당할 마음이 없는 일을 그 누구도 대신해주지 않는다는 법칙을 기억하라! 직접 행동에 나서고 의사결정을 내려서 자신의 운명을 통제하고 유산을 만들어나가야 한다. 진정한 자산가가 되는 비결이 길잡이와 청사진이 될 것이다. 이 비결은 사고와 함께 재무 생활의 궤도를 영원히 변화시킬 것이다.

가장 중요한 것은 맥락이다

진정한 자산가가 되는 토대

진정한 자산가가 되는 비결은 지식, 지혜, 이해를 토대로 한다. 토대가 단단하지 않으면 마치 허술한 건물에 압력을 가할 때와 같이 부채, 소득, 자산이라는 세 개의 기둥에 금이 가 결국 무너지고 만다. 땅을 깊이 파서 토대를 단단하게 마련할수록 그 위에 더 크고 안정적인 구조물을 올릴 수 있다. 이 책에서는 우리 주변을 바라보고 인식하고 이해하는 마음가짐이나 방법을 알아볼 것이다. 특히 진정한 자산가가 되는 비결은 세상과 자기 자신을 바라보는 방식이며 그것은 재정적인 성공이나 실패에 중요한 영향을 미친다는 점을 기억해야 한다.

지금 하는 일에 대해 바라보고 인식하고 믿어 온 기존의 방식에 변화를 일으키기 위해 머리와 가슴을 다시 프로그래밍하는 여행을 떠나 보자. 돈에 관해 과거와는 다른 결과를 얻고 싶다면 생각하는 방식도 달라져야 한다. 다른 사고방식을 갖추기 위해서는 기존의 프로그램을 더 새롭고 효과적인 프로그램으로 바꿔야만 한다.

가장 중요한 것은 맥락이다

진정한 자산가가 되는 비결은 시행착오와 자기 발견으로 이뤄진 개인적인 여정에 기반한다. 여행을 떠나기 위해서는 세상에 대해 큰 호기심을 품고 일이 그렇게 된 이유에 의문을 제기하는 태도를 갖춰야 한다.

나는 성향이 대체로 내향적인데 사람들이 어떤 일을 하고, 생각하는 방식이 결과에 어떻게 영향을 미치는지 이해하기 위해 나 자신의 삶, 행동, 동기를 종종 곱씹어 본다. 또한, 역사 공부하기를 즐긴다. 이름, 지명, 날짜를 잘 외우는 감각을 키우기 위해서가 아니라 마케터로서 인간의 행동과 심리가 변화한 역사적 패턴이 궁금하기 때문이다. 나는 호기심이 많은 사람이기도 하다. 어떤 상황이든 우선 한 걸음 물러나서 큰 그림에서 관찰하면서 질문을 던져 보고 대상을 만 킬로미터 상공에서 내려다보며 시작하곤 한다. 진정한 자산가가 되는 비결에서는 맥락을 파악하는 것이 가장 중요하다.

예를 들어 정부의 정책이 특정한 방식으로 결정된 이유를 이해하려면 정부가 어떻게 기능하는지를 폭넓은 시각에서 바라봐야 한다. 결국, 모든 정부에는 인간의 특성이 투영되어 있으므로 나 자신에서부터 출발하여 근본적으로 인간에게 동기를 부여하는 요소가 무엇인지를 살펴본다. 그러려면 잔인할 정도로 솔직해져야 하는데, 대다수의 사람은 불편함을 느낄 수도 있다. 많은 경우 국민은 국민이 원하는 정부가 아닌 그 국민에게 걸맞은 정부를 갖게 된다. 나는 일이 특정한 방식으로 일어나는 것은 보기보다 더 근본적인 차원의 원인이 작용하기 때문임을 발견했다. 따라서 앞으로도 계속 독자를 도우면서 더욱 깊이 있는 질문을 던질 것이다.

유일한 상수

늘 듣는 말이겠지만 역사는 되풀이된다. 겉으로는 달라 보이지만 인간의 본질적인 특징과 동기를 부여하는 심리적 요인은 수천 년이 흘러도 변하지 않았다. 인간의 본성은 근본적으로 동일하게 유지되며 변하지 않는다. 오늘날 세계에서 무슨 일이 벌어지고 있는지, 2008년에 금융 시스템이 붕괴한 이유가 무엇이며 앞으로 다시 붕괴할 수밖에 없는 이유가 무엇인지, 전 세계의 경제 순환 주기나 지정학적 사건을 이해하고 싶다면, 인간 본성에 대해 이해해야 한다.

우리는 인간의 본성을 어떻게 이해하는가? 답을 찾으려면 나 자신에서 출발하면 된다. 나는 본성이 어떤 사람인가? 어떤 일에 성공하지 못하거나 값비싼 실수를 저지를 때 어떻게 반응하는가? 대신 비난하고 싶은 사람이나 대상은 누구인가? 구조를 요청해야 하고 지원이나 도움이 필요할 때 누구를 찾는가? 가고 싶은 곳에 도달하기 위해 변화해야 할 것은 무엇이라고 생각하는가? 내가 생각하고, 믿고, 느끼는 방식이 지금의 모습으로 정해진 이유는 무엇인가?

이는 필자가 스스로 자주 던지는 질문이기도 하다. 가난하게 자랐고 나 자신도 분명하게 이해할 수 없는 여러 이유로 인해 평생 스스로 질문을 던져왔다. 앞뒤가 맞지 않는 일이 생기면 질문부터 시작한다. 질문을 던지는 과정에서 뜻밖의 복잡한 문제를 마주치기도 하지만 이 또한 불가능한 상황을 극복하는 데 도움이 된다. 나와 비슷한 배경을 가진 사람이 자신은 가난한 집에서 태어나서, 또는 유년기에 아버지가 곁에 없어서 성공하지 못했다고 푸념하는 경우가 있다. 이들은 상황에 대한 변명과 자신을 정당화하는 목록을 가지고 있고 기본적으로 자신을 희생자로 설정한다. 하지만 인생은 짧고 현실은 우리 손으로 만들어 가는 것이다. 변명 거리를 생각할 시간 여유가 있을까?

대다수 사람처럼 나도 사회적 압력이나 현재의 경제 상황, 정치, 공공정책 또는 외부의 압력에 휘둘린다. 모든 사람은 최신 유행, 뉴스 사이클, '클릭을 유도하는' 기사 제목에 이끌린다. 경제 '전문가'의 '전망'을 듣거나 읽고 우리가 어떤 조처를 해야 하는지, 누구의 말에 귀를 기울여야 하는지, 진실은 무엇인지 궁금하게 여긴다.

일반적으로, 부자가 되는 진짜 비결은 대다수 사람과 반대되는 역발상을 하는 것이다. 보통 우리는 단지 일반적이라는 이유로 보편적인 생각을 받아들이거나 남들이 하는 대로 따라 하지는 않는다. 부자가 되는 사람들은 더 깊이 생각하여 자신만의 결론을 얻는다.

그런 조사와 자기 탐구 과정을 원하지는 않는 사람도 있으며 재정적으로 독립하기 위해 모든 사람이 그런 과정을 거쳐야 하는 것도 아니다. 나는 독자적으로 사고하고 조사하고 질문을 던지는 일을 중요하게 여겨왔지만, 굳이 복잡한 질문을 파헤치지 않고도 부채, 소득, 자산의 세 기둥을 마스터하는 방법도 있다. 이 책을 통해 독자는 재정적으로 자유를 얻기 위해 알아야 하는 모든 요소를 배울 것이다. 역사적 패턴이나 현재 트렌드를 이해할 마음이 없더라도 상관없다. 하지만 고생해서 번 돈을 지키고 보호하고 싶다면 인간의 본성을 이해하는 것은 중요하다.

돈 vs 부

흔히 돈과 부가 같은 것으로 생각하지만 사실은 그렇지 않다. 둘의 차이점을 자세히 살펴보자.

돈은 여러 방법으로 정의할 수 있다. 가치를 교환하거나 저장하는 수단으로 정의할 수도 있고 혹자는 돈을 모든 악의 근원이라고 여긴다. '돈'이라고 하면 미 연방준비제도이사회가 보증하는 종잇

조각인 1달러 지폐를 떠올리는 사람도 있을 것이다(엄밀하게 말하면 연방준비제도이사회가 아닌 납세자, 궁극적으로는 신뢰가 보증하는 것이다).

1달러는 미국 재무부에 대한 국민의 신뢰를 나타낸다. 하지만 미래의 어느 시점에는 화폐 제도가 신뢰를 잃을 수도 있다. 그런 일은 역사적으로 지폐가 유형 자산 또는 실물 자산으로 보장되지 않을 때마다 벌어졌다. 하지만 이는 또 다른 주제의 이야기다. 일단 여기서는 돈이 우리 수중에 있든 은행에 있든 상관없이 현금이라고 하겠다.

반면 우리는 '부'의 의미를 간과하고 깊이 생각하지 않는 경우가 많다. 부를 매우 단순화하여 물질적인 소유로만 여기는 경향도 있다. 부를 늘리고 재정 안정성을 얻고 싶다면 자신에게 부가 어떤 의미를 지니는지 생각하는 것이 중요하다. 스스로 답을 찾아보길 바란다. 내게 부는 어떤 의미인가? '진정한 부'란 무엇이라고 정의하는가? 나는 어떤 맥락에서 부에 대해 생각하는가?

필자는 부에 대해 오랫동안 고민한 끝에 진정한 부가 의미하는 바를 목록으로 작성했다.

진정한 부

나는 몇 가지 방법으로 진정한 부를 정의한다.

첫 번째는 영성과 관련이 있다. 내 경우에는 영성을 조물주와의 개인적인 관계로 설명한다. 다른 사람이나 기성 종교를 통한 관계가 아닌 나의 영적인 생활의 질과 열매를 의미하는 것이다. 내면의 평안함과 성취감을 느끼는 정도, 내가 타인을 대하는 방식, 나의 가장 중요한 정체성과 인정을 얻는 대상이 무엇인지를 따져보면 된다. 영성을 다른 방식으로 정의할 수도 있으며 이는 각자가 스스로 결정할 문제이다. 내게 영성이란 진정한 부가 무엇인지를 정의할 때 가장 첫 번째 요소다.

목록의 두 번째 항목은 건강이다. 누군가가 세상의 돈을 전부 차지했다고 하더라도 건강이 나쁘면 그 부를 누릴 수 없을 것이다.

세 번째는 가족, 관계와 관련되어 있다. 가족 및 관계가 진정한 부의 일부라는 데 모두가 동의하리라 생각한다. 임종을 앞둔 사람이 살면서 돈을 더 벌지 못한 것을 아쉬워하는 경우는 거의 없다. 그보다는 사랑하는 사람과 시간을 더 많이 보내지 못한 것을 안타까워하는 경우가 대부분이다.

두 번째와 세 번째 항목은 서로 연관되어 있다. 관계가 건강보다 더 중요하다고 주장하는 사람도 있겠지만 나는 그러한 주장에 동의하지 않는다. 정신건강을 비롯해 전반적인 건강 상태가 좋지 못한 사람은 다른 사람과 건전한 관계를 맺을 수 없다. 감정적으로 어려움을 겪는 사람으로 인해 많은 관계가 틀어지고 만다. 근본 원인을 따져보면 치유되지 않은 상처와 정신적인 문제 때문인 경우가 많다.

개인의 해방과 자유가 목록의 네 번째에 해당한다. 해방과 자유가 진정한 부에 포함되는 이유는 새로운 사업을 시작하는 등의 자유가 없다면 시장에서 문제를 해결하지 못하거나 자신과 다른 사람을 위한 기회를 만들 수 없기 때문이다.

우리는 운 좋게도 이동, 사상, 표현의 자유뿐 아니라 정보의 이용과 독학의 기회를 누릴 수 있는 나라에 살고 있다. 하지만 많은 사람이 우리가 당연시하는 자유를 누리지 못하고 산다. 그러므로 우리는 지금 누리고 있는 자유를 적극적으로 지켜야 한다. 미국 헌법과 권리장전을 제정한 건국의 아버지들은 자유와 안전 사이에서 섬세한 균형을 찾기 위해 논의했다. 오늘날 우리는 이러한 핵심 사안이 또다시 중요하게 부각되는 시대에 살고 있다. 자유는 진정한 부를 구축하고 경험하는 데 직접적인 영향을 미치므로 우리 모두 경계심을 늦춰서는 안 된다.

독재 국가를 방문하거나 그런 나라에서 유학해 보면 자유와 안전 사이의 관계를 분명하게 확인할 수 있다. 자유롭지 못할수록 번영하지 못한다. 미국도 완벽한 나라가 아니며 세계에서 번영을 누리고 있는 유일한 나라도 아니다. 어떤 측면에서 많은 나라가 미국보다 더 나을 수도 있다. 하지만 역사상 개인의 자유, 기회, 번영이 미국처럼 발전한 나라가 없었다고 감히 말할 수 있다. 우리가 누리는 자유와 번영의 수준에는 직접적인 상관관계가 있다. 내가 가난한 환경에서 자라긴 했지만, 기회가 없는 나라에서 자라지는 않았다. 그러한 기회는 인생을 완전히 다른 모습으로 변화시켰다.

목록의 다섯 번째는 경제적 독립과 기타 자원이다. 재정 독립성이 독자들에게도 우선순위가 다를 수 있어서 목록에서 순위가 더 높거나 낮을 수 있다.

경제적으로 독립한다는 말은 이제는 갚을 돈을 벌기 위해 일할 필요가 없다는 뜻이다. 앞서 언급했듯 나의 첫 번째 자산 관리 멘토였던 다미앵은 부를 늘리는 첫 번째 비결이란 돈을 위해 일하지 말고 돈이 나를 위해 일하게 하는 것이라고 가르쳐줬다. 이 비결이야말로 진짜 부자가 되는 비결의 가장 기본적인 원칙이며 앞으로 이 토대 위에 다른 원칙을 쌓아나갈 것이다.

경제적으로 독립하면 인생의 가장 중요한 목적에 집중할 수 있으며 그 목적을 추구하는 데 있어 가장 의미 있는 방법도 찾을 수 있다. 우리 가정은 아내 다니(Dani)나 내가 일을 하지 않더라도 이전에 마련해놓은 자산 덕분에 가계를 충분히 꾸려갈 수 있는 수준에 이르렀다. 덕분에 우리는 더 큰 목적을 추구할 수 있게 되었다. 지금 우리는 부를 구축(Wealth Builder)하는 사분면에 있으며 삶에서 자유, 모험, 안심, 성취라는 진짜 부자의 생활양식을 누리고 있다.

재정 독립성의 정도, 사람들과의 교류, 양질의 관계와 같은 기타 자원은 우리가 누리는 자유에 직접적인 영향을 미친다. 원하는 곳을 여행하거나 살 수 있도록 해주며, 오늘날처럼 업무 처리를 위해 정해진 지리적 위치에 거주할 필요가 없는 시대에 이러한 자유는 특히 중요한 의미가 있다. 현재 우리는 적절한 기술만 갖추고 있다면 전 세계 거의 어느 곳에서나 돈을 벌 수 있다.

내게 자유를 누리고 성취감을 느낀다는 것은 단순히 돈을 모으는 것보다 더 중요하다. 돈은 행복을 보장해주지 못한다. 신앙이 있는 사람들은 신과 재물을 동시에 섬길 수 없다고 말한다. 그 말이 사실이기는 하지만 이들은 맥락을 잘못 짚은 것이다. 신과 재물을 동시에 섬길 수 없다는 말이 진정으로 의미하는 바는 우리가 우선순위를 정해야 한다는 것이다. 영적인 건강, 조물주 및 다른 사람들과의 관계를 돈보다 많이 우선시해야 한다. 우선순위를 정하고 그것에 맞게 시간을 투자한다면 재정적인 자원과 더불어 영적인 평안함과 능력을 두루 갖출 수 있다.

목록의 다음 항목은 다음 세대로 이어지는 부와 유산이다. 이는 의미 있고 성취감을 느끼는 삶과도 연관된다. 나 자신의 필요가 해결되면 가정의 유산과 미래 세대에 무엇을 남겨줄 수 있는지에 집중할 여력이 생긴다. 여기에는 돈뿐만 아니라 지식, 경험, 지혜, 통찰력, 가치, 삶에서 배운 특별한 기술을 나누는 것도 포함된다.

여덟 번째는 의미 있는 성취, 목적, 비전이다. 내게 진정한 부란 인생의 목적과 비전을 발견하고 이루며 실현한다는 느낌도 포함된다. 이 세상의 모든 재물을 가지고 있을지라도 삶에 목적의식과 비전이 없다면 안타깝게도 돈은 많지만 비참한 인간에 불과할 것이다.

마지막 항목은 만족이다. 만족은 감사하는 마음에서 우러나오는 풍요로움이라는 것을 갈수록 절감한다. 만족에야말로 진정한 부가 있다. 수백만 달러를 벌고 개인적으로나 재정적으로나 목표를 이룬 후에도 그것으로 충분하다고 생각하지 못할 수도 있다. 특히 끊임없이 더 많은 것을 갈망하고 필요로 하도록 프로그래밍이 된 서양 사회에서는 사람들이 만족하는 법을 모른다. 서양 문화에서는 더 많을수록, 더 클수록 좋다고 말한다. 이는 거짓말이다. 만족과 감사야말로 자유로 향하는 문이다. 더 큰 것이 반드시 더 좋은 것은 아니며 오히려 더 작은 것이 더 좋을 수 있다는 감춰진 진실을 드러내기도 한다. 만족은 소유하는 것, 더 정확하게는 진정으로 부유해지는 것에서 비롯된다. 진정한 부는 마음에서 나온다. 사랑의 법칙으로 살아가고 벅찬 가슴으로 살아가는 내면의 부유함이다.

트렌드 인식

역사의 장기와 단기적 패턴을 모두 살펴보는 일은 중요하다. 반드시 파악해야 하는 긴요한 맥락을 이해하기 위해서도 문화를 형성하는 현재 트렌드에 대한 인식을 높여야 한다. 오늘날 주요 트렌드는 기술이 말 그대로 모든 분야에 영향을 미치는 것이다. 이러한 트렌드는 모든 사업 부문과 경제에 스며들어 있으며 기존의 역량을 배가시킨다. 또한, 지렛대로 작용하여 새로운 기술을 적용하면 몇 배 더 큰 결과물이 나온다. 다시 말하면 기술, 혁신, 파괴적 변화 덕분에 우리가 사는 세상이 빠르고 급격하게 변화하고 있다.

최근 석유와 가스 산업에서 진행된 변화가 좋은 예다. 석유와 가스는 상품이자 목재, 커피와 같은 천연자원이다. 다른 상품과 마찬가지로 석유와 가스 산업에도 호황과 불황의 사이클이 있어 수요와 공급에 따라 부침을 겪는다. 수압 파쇄법(fracking)과 수평 시추(horizontal drilling)는 비교적 신기술로, 업계에 막대한 영향을 미쳤으며 처음에는 천연가스, 나중에는 원유의 공급량을 폭발적으로 증가시켰다. 2015년 석유수출국기구(OPEC)는 유가를 인하하면서 공급 제한 조치를 중단하겠다고 밝혔다. 원유 생산이 이어지면서 단기적으로 공급이 수요를 넘어서서 유가가 하락하는 트렌드가 형성되었다. 이때 OPEC의 결정이 중요한 계기가 되기는 했지만 사실 근본적으로는 기술 변화와 수년간 이어진 수압 파쇄법, 수평 시추로 인해 공급 과잉이 일어나고 과잉 설비 상태에 이른 것이 영향을 미쳤다.

기술은 생명공학을 통해 의학에 거대한 영향을 미치며 데이터 저장과 검색, 수백 가지의 산업에도 엄청난 영향을 미치고 있다. 사소한 예를 들자면 공증 서비스를 제공하는 모바일 앱이 개발되면서 사람들은 이제 문서를 공증받기 위해 은행을 방문하거나 비용을 지불할 필요가 없어졌다. 파괴적인 기술 또는 창조적 파괴로 빚어진 현상이다. 한편으로는 일자리가 사라지지만 또 다른 한편으로는 사람들의 손에 더 많은 권한이 생긴다. 혁신은 여러 이로운 변화를 가져오지만 이와 동시에 현상을 파괴한다.

과거에는 기술이 일부 분야에만 영향을 미친다고 흔히 생각했지만 이제 우리는 기술이 예상했던 것보다 경제적으로 더 광범위한 영향을 미치며 상상 이상으로 더 많은 일자리를 없애리라는 것을 알고 있다. 20년 뒤의 세상은 오늘날과 다른 모습일 것이다. 몇 년 전만 해도 공상과학 영화에서나 볼 법했던 자율주행차가 거리를 가득 채울 것이다.

정부 규모의 확대든, (필자가 '기계의 진격'이라고 부르는) 인공지능과 로봇의 발전이든 많은 트렌드가 어떻게 전개될지 정확히 예측하기는 어렵지만 사라지지 않으리라는 점은 분명하다. 이때 중요한 점은 현재 트렌드가 진행되는 궤적을 주의 깊게 살피면서 그러한 트렌드가 과거에 일어난 패턴의 반복에 해당하는지 따져보는 것이다.

역사적 패턴

역사를 공부해보면 끊임없이 반복되는 패턴과 사이클을 발견할 수 있다. 역사적 패턴을 간파하면 자원을 관리하고 정치에 대한 견해와 정부의 적절한 역할에 대한 식견을 높이는 데 도움이 된다.

40여 년 전 미국은 세계 최대의 채권국이었으나 지금은 세계 최대의 채무국으로 전락했다. 불과 40년 만에 미국 경제는 생산에 기초한 경제에서 부채와 소비에 기초한 경제로 탈바꿈했다.

2008년 글로벌 금융위기를 일으킨 근본적인 문제는 지금도 지속되고 있다. 과도한 부채 문제는 더 많은 빚을 내서 갚는 것으로 해결했다('대마불사' 구제 금융, 양적 완화 등의 조치를 떠올려보라). 이는 진짜 문제를 더 키우고 장기화시킬 뿐이다.

구조적으로 보면 근본적인 문제에서 해결된 부분이 전혀 없다. 역사가 말해주듯 부채의 증가는 지속될 수 없다. 통화 공급을 늘리는 조치는 전혀 새로운 발상이 아니다. 역사적으로 과거에도 일어난 일이며 그 끝은 정해져 있다. 부채를 연료 삼아 성장하는 전략에 과도하게 의존하면 오늘날과 같은 거대한 전환과 불안정의 시기에 사회를 더욱 취약하게 만들 뿐이다. 우리는 산업사회를 지나 정보사회의 대대적인 변화를 겪었으며 기계 사회를 향해 빠르게 나아가고 있다. 역사를 통해 알 수 있듯 현재 우리는 미지의 영역을 항해하는 단계이지만 태곳적부터 인간이 보여 온 패턴을 동일하게 반복하고 있다. 태양 아래 새로운 것은 없는 법이다.

미국은 역사상 모든 민주주의 국가가 거쳐 간 길을 가고 있다. 민주주의는 해방, 자유, 독립에 이어 무관심과 의존의 길을 간다. 시간이 흘러 국민에게 더 많은 권한이 부여될수록 국고는 파산으로 치닫는다. 그러면 시민들은 나라를 구해 줄 구원자요, 실력자를 찾는다. 이미 역사에서 여러 방식으로 일어난 모습이며 많은 경우에 독재, 자유의 감소, 정부 권한의 확대로 끝났다. 결국, 많은 고난과 비극이 벌어진 이후 정신적인 해방과 독립을 추구하는 사이클이 다시 시작된다. 인간의 본성이란 근본적으로 변하지 않기 때문에 민주주의 사이클이 끊임없이 되풀이되는 것이다.

오늘날 세계에서 무슨 일이 벌어지고 있는지 알고 싶다면 역사학도가 되어 트렌드와 패턴을 주의 깊게 살펴보면 된다. 그러면 다른 누군가가 문제를 해결해 주기를 기대하는 대신 현재 우리가 있는 위치가 어디이며, 혼돈 속에서 살아남고 번성하기 위해 나는 어떤 입장을 취해야 할지 알게 된다. 나는 역사학자는 아니며 질문을 던지는 사람이다. 올바른 질문을 던지면 올바른 답을 얻을 수 있다고 믿는다.

민주주의의 사이클

민주주의의 주기를 더 자세히 살펴보자. 일반적으로 민주주의가 평균 200년 정도 지속된다고 한다. 역사를 통틀어 민주주의는 대체로 다음과 같은 순서에 따라 발전해왔다.

한 나라가 구속과 독재에 시달린다. 박해 속에서 살아가는 국민이 가진 것이라고는 정신력뿐이기 때문에 오로지 정신력을 강화하는 일에 몰두하게 된다. 국민은 억압과 학대를 당하며 비인간적 취급을 받는다. 감히 저항도 할 수 없는 상태가 지속되면 속박에 대한 반작용으로 신념이 커진다. 신념 덕분에 국민에게는 용기가 생긴다. 미국 건국에서 그 예를 찾아볼 수 있는데 건국 초기의 애국자들은 용감했다. 그러한 용기로 인해 영국의 압제에서 해방과 자유를 얻을 수 있었다.

해방을 통해 민주주의는 풍요와 번영을 향해 간다. 해방과 자유가 풍요와 번영의 터전을 만들지만, 그 반대는 성립하지 않는다.

미국에서 건국의 아버지들은 안전을 위해 자유를 희생시키는 데 주의를 기울이라고 경고했다. 자유와 안전 모두를 누릴 수는 없다. 오늘날 미국인들과 서양의 많은 민주주의 국가에서는 안전을 원하지만 나는 둘 사이에서 균형을 유지하는 것이 더 중요하다고 생각한다. 그렇지 않으면 안전이라는 거짓 환상을 위해 시민의 권리와 사생활을 잃게 될 위험이 있다.

민주주의의 주기에서 다음 단계는 풍요에서 이기심으로 나아가는 것이다. 이기심 다음에는 현실 안주와 무관심이 기다리고 있고 무관심은 의존으로 이어진다. 이 단계에 이르면 언제나 유권자가 국고를 자신에게 이롭게 사용하는 방향으로 표를 행사하여 재정이 붕괴되는 결말을 맞는다. 결국 '문제를 해결'하기 위해 '독재자'가 선출되며 많은 경우 (실제하거나 꾸며낸) 외부의 적, 폭압, 압제에 대항하는 전쟁이 벌어진다. 속박과 독재 상태로 돌아가면서 사이클이 처음부터 다시 시작된다.

현재 미국은 어느 단계에 있는가? 미국이 여전히 풍요를 누리고 있지만 많은 미국인이 무관심하고 현실에 안주하기 시작했으며 더 우려스러운 점은 의존성이 커졌다는 사실이다. 일부 연구에 따르면 미국 인구의 절반 가까이가 소득세 순 납부액이 제로인 상태이며 수당에 의존하고 있다.

시민들은 더 많은 공적 지원에 투표할 수 있다는 사실을 깨닫는다. 시민의 자각이 시작되면 더 많은 혜택을 공약으로 내는 후보가 선출된다. 결국, 부실한 재정 정책으로 인해 민주주의가 무너져 독재자가 출현할 기회가 마련된다. 이윽고 문제를 해결하겠다고 약속하는 독재자가 나타난다. 기본적으로 민주주의라는 개념은 정보에 밝고 교육받은 인구가 공통 가치체제로 연합할 때에만 지속할 수 있다.

미국은 민주주의 국가가 아닌 공화국으로 건국되었다. 미국 헌법, 독립선언서, 권리장전에는 '민주주의'라는 단어가 등장하지 않는다. 공화국에서는 소수의 권리가 다수의 권리에서 보호된다. 민주주의에서는 두 마리의 늑대와 한 마리의 양이 저녁 메뉴를 놓고 투표한다. 다수결의 원칙이 공정한 것으로 보이지만 끔찍하고 악한 제도일 수 있으며 동조와 집단사고 때문에 손쉽게 조작된다.

누구도 내 돈에 나처럼 관심을 기울이지 않는다

진정한 자산가가 되는 비결에서 중요한 부분은 우리를 개인적으로 움직이는 동력을 이해하는 것이다. 정신적, 심리적, 감정적으로 나의 강점과 약점은 무엇인가? 나는 돈, 자산에 대해 어떤 생각을 하고 있으며 돈과 자산은 어디에서 왔는가? 우리가 스스로에 대해 더 많이 알수록 자산을 쌓는 구조는 더 튼튼해진다.

인간은 비이성적인 존재다. 우리는 논리적으로 의사결정을 내린다고 생각하지만, 사실을 말하자면, 그런 경우는 드물다. 앉아서 여러 계획을 짜고 한동안 그 계획을 실천하지만, 감정적으로 영향을 미치는 변화가 찾아오면 계획을 미루고 감정에 의지하게 된다.

젊은 친구가 있었는데 그 친구는 체계적으로 은행 계좌를 불리고 재정적인 안정성에 집중했다. 그러다 꿈에 그리던 여자 친구를 만났다. 갑자기 그는 힘들게 번 돈을 전부 쓰기 시작했다. 그의 우선순위가 변한 것이다. 왜일까? 그의 마음이 영향을 받았기 때문이다. 그의 감정이 개입되기 시작했고 매우 이성적이고 논리적인 저축 계획은 사라져버렸다.

또 다른 예는 주식 시장에 대한 우리의 반응이다. 이 책을 쓰는 동안 역사상 최장기간에 해당하는 상승장이 펼쳐지고 있다. 하지만 가장 많은 비난을 받는 상승장이기도 하다. 너무나도 많은 사람이 2000년에 터진 닷컴 버블과 2008년의 국제 금융위기라는 두 차례의 조정에서 막대한 손실을 보았기 때문이다. 많은 사람이 방관하는 사이 이번 호황 사이클을 놓쳐버렸다. 전형적으로 이런 장은 막판에 투자자들이 대거 뛰어들고 장에 뛰어들었다는 것을 즐기는 것 이상으로 손쉽게 돈을 벌 것이라는 전망에 흥분하다가 다시 하락장을 경험하는 것으로 끝난다. 애초에 전략도, 탈출 계획도 없기 때문이다.

우리는 모두 무릎에 사서 어깨에서 팔아야 한다는 것을 인지적으로 알고 있다. 하지만 대다수 사람이 전략적으로 이를 수행하지는 않는다. 오히려 군중의 행동을 따르며 친구와 동료의 영향을 받는다. 잘못된 시기에 팔거나 사고 마는 것이다. 그렇게 하는 이유는 전략이나 계획이 없기 때문이다. 투자하는 것이 아니라 도박을 하는 것이다. '매수해서 유지'하는 전략이 아니라 정점에서 매수해서 투자를 접고 마는 것이다. 비싸게 사서 싸게 팔고 빈털터리가 될 때까지 이를 반복한다. 어떻게 행동해야 하는지 알고 있지만 실제로 그렇게 하지는 않는다. 왜 그럴까? 인간의 본성 때문이다. 나는 기업가이자 마케팅 전문가로서 사람들이 감정적으로 매수를 하고 그다음에는 그것을 어떤 식으로든 합리화한다는 점을 일찌감치 깨달았다. 우리의 중심에는 감정에 휘둘리는 매수자와 매도자가 있는 것이다. 우리의 사고방식은 어떤 형태로든 부를 얻는 역량에 영향을 미친다.

진정한 자산가가 되는 위해 반드시 기억해야 할 것이 있다. 바로 자기 자신을 위해 하기 꺼리는 일을 그 누구도 대신해주지 않는다는 것이다.

누구도 나 자신과 같이 내 돈에 관심을 기울이지 않는다. 자산 관리자나 전문 투자자보다 당신의 돈에 더 관심 있는 사람은 당신이다. 자산 관리자나 전문 투자자가 당신보다 지식과 경험을 더 많이 가졌는지는 모르지만, 당신의 돈에 당신보다 관심을 더 기울이지는 않는다.

자신의 돈을 제대로 관리하기 위해 배우는 데 시간과 노력을 충분히 기울이는 사람이 얼마나 되는가? 우리는 무슨 일을 해야 하는지 다른 사람이 알려주면 따르기를 원한다. 그러나 돈, 재정, 자산 구축에 관한 한 이는 위험한 태도라고 단호히 말할 수 있다.

진정한 자산가가 되기 위해서는 자신의 힘으로 생각할 수 있어야 한다. 질문을 던지는 일에서 시작해보라. 학교에서 배웠듯 가만히 앉아서 입을 닫고 있지 말라. 어리석은 질문을 해서 비웃음을 당한다고 생각하지도 말라. 우리는 순응하고 사로잡히게 되어 있으나 성공하기 위해서는 그 반대가 필요하다. 자아 발견의 여정에 나서고 자신의 결정을 이끄는 영향과 신념을 따져보는 데서 시작해보라. 다음과 같은 공통적인 성공 신화를 하나라도 들어보거나 믿은 적이 있는가?

- 될 때까지 흉내 내라
- 약점을 절대 보이지 마라
- 성공한 모습을 보이라
- 한 번 구축하면 영원히 지속할 것이다
- 성공하는 데 필요한 모든 것을 기꺼이 하라
- 무슨 일이 있어도 절대 그만두지 마라

이를 비롯해 다른 신념들도 어쩌면 우리가 아는 것보다 더 깊이 사고에 자리 잡고 있을지 모른다. 하지만 이런 신념들을 잘못된 대상과 시간에 지혜 없이 적용했다가는 자산 구축에 치명적인 영향을 미칠 수 있다.

마음 상태와 무의식적 행동, 역사적 패턴 연구, 현재 트렌드 관찰에 관심을 쏟는 것에 더해 진정한 부를 쌓을 때 자연법이나 영적 법칙을 이해하는 것 역시 중요하다. 이를 조물주의 기본 법칙이라고 부르고 싶다. 절대 변하지 않는, 기본적인 영적 원칙이며 훌륭한 삶을 사는 데 기본적인 요소다.

자신이 대접받고 싶은 대로 남을 대하라는 황금률에 대해 모두 들어봤을 것이다. 우리는 남을 속이는 사람들과 어울릴 수 없음을 알지만, 우리의 품위 없는 행동을 서둘러 합리화하거나 정당화하는 경우가 많다. 우리는 남을 탓하기를 좋아하며 손님을 푸대접한 이유에 대해 방어적 자세를 취하며 손님이 먼저 무례하게 굴었다고 응수한다. 하지만 상사는 승진을 결정하는 시기가 되면 재능이 아무리 뛰어나더라도 상습적으로 고객에게 불친절한 직원을 승진 대상으로 선택하지는 않을 것이다. 이것이 청지기의 원칙이자 삶에서 작은 일에도 진심을 다하는 것이 진가를 발휘하는 순간이다.

청지기의 법칙에 따르면 자신에게 주어진 사소한 일에 신임을 얻는 자가 더 큰 일을 맡게 된다. 이는 고객을 잘 대접하는 것과 같이 작은 일에 성의를 다하면 기회가 열리고 더 큰 일을 맡게 된다는 것을 뜻한다. 법칙은 재정과 투자에도 적용된다. 영적인 원칙은 다른 사람, 나 자신과의 관계에도 영향을 미치며 우리가 돈과 자원을 다루는 방식에도 영향을 끼친다. 이러한 법칙을 믿든 안 믿든 세상에서 작동하는 자연적 힘이다.

경제적 독립

진정한 자산가가 되는 비결은 경제적 독립성을 마련하는 체계로서 부채, 소득, 자산이라는 세 가지 기둥과 유산이라는 탄탄한 기초로 구성된다. 은행 계좌에 있는 액수나 소유한 물질의 규모를 넘어서는 생활 방식이다.

경제적 독립을 이루려는 이유는 무엇인가? 내가 확인한 진정한 자산가가 되는 비결의 목적은 개인의 자유와 연결되어 있으며 이는 경제적 독립을 추구하는 첫 번째 이유라고 생각한다. 여기에는 다음을 할 수 있는지가 포함된다.

- 원하는 대로 오고 간다.
- 함께 있고 싶은 사람과 시간을 보낸다.
- 즐거움과 성취감을 주고 사회에 이바지할 수 있으며 인생에 의미를 부여하는 일을 한다.
- 가족 구성원이든 사회든 우리에게 중요한 다른 방식으로든 돌려준다.

개인의 자유는 이동과 여행할 수 있는 자유를 갖는다는 것이다. 우리는 40개가 넘는 나라를 방문해서 다른 사람들을 만나고 외국의 문화에 대해 배우며 색다른 역사와 경제 저변의 가치 체계에 대해 접하면서 놀라운 깨달음을 얻었다.

개인의 자유에는 보복에 대한 걱정 없이 생각하고 마음에 있는 것을 발언하는 자유가 포함된다. 여기에는 나와 가치를 공유하는 사람과 어울릴 자유, 독학할 자유가 포함된다. 사생활은 자유에 해당함에도 안타깝게도 오늘날 놀라운 속도로 훼손되고 있다. 또한, 개인의 자유에는 양심적인 반대, 현상과 다른 의견을 가질 능력, 옳다고 믿지 않는 바를 강요당하지 않는 것도 포함된다. 재정적으로 독립하면 이 모든 자유를 누릴 수 있게 된다.

이동에 제약을 받지 않는 소득원

이동에 제약을 받지 않고 소득을 창출할 수 있다는 것은 곧 생계를 꾸리는 데 지리적 제약을 받지 않음을 뜻한다. 돈이 나를 위해 일하기 때문에 세계 어느 곳에 가 있어도 된다. 기술과 정보통신 분야의 변화로 이것이 현실이 되었다. 국가 또는 세계의 다른 지역에서 가정을 꾸리고 생활하기를 원한다면 얼마든지 그렇게 할 수 있다. 생활양식을 선택할 자유가 있는 것이다.

투자자 역시 지리적으로나 정치적으로 자산을 다변화하는 방안을 모색할 수 있다. 해외 시장에 투자할 기회가 풍부하며 세계 어느 곳에서든 모바일 앱을 통해 포트폴리오를 관리할 수 있다. 더 이상 거주하는 지역으로 투자처를 한정시킬 필요가 없다.

앞으로 살펴보겠지만 진정한 자산가가 되는 비결은 열심히 일하는 평범한 사람들을 비롯해 모두에게 적용된다. 고액 소득자나 부자에게만 해당하는 시스템이 아니다. 누구라도 자신의 삶을 향상하고 재정 독립성을 이루며 자산을 구축하는 구조를 만들기 위해 받아들이는 방법이자 사고방식이다.

진정한 자산가가 되는 비결은 돈을 얼마나 가지고 있느냐에 좌우되지 않는다. 그보다는 보유한 돈이 얼마든 상관없이 선한 청지기가 되고 그 돈을 불리는 방법을 터득하는 체계를 구축할 수 있게 해준다. 누구라도 실행할 수 있는 방법과 규칙을 제공하는 탄탄한 원칙에 기반을 둔다. 언제나 적용 가능하며 모든 사회, 경제, 교육 수준을 아우른다.

진정한 자산가의 특성

몇 가지 구체적인 특징으로 인해 진정한 자산가가 되는 비결은 자산을 불리고 재정 독립성을 얻는 독특한 시스템이 된다.

우선 진정한 자산가가 되는 비결의 특징으로 방어적인 사고를 꼽을 수 있다. 방어적인 사고를 하는 사람은 "만약 ······라면?"이라고 묻는다. 내가 하는 투자가 실패하면 어쩌지? 만약 실패하면 어떤 기분이 들까? 나는 누구를 신뢰하고 있는가? 일이 잘되지 않으면 어쩌지? 내가 틀렸으면 어쩌지? 이러한 질문이 우리 접근법의 핵심에 있는 방어형 질문의 대표적인 사례다.

진정한 자산가가 되는 비결의 또 다른 특징으로 전략적으로 움직인다는 점이 있다. 전략은 그 순간에 나타난 기회를 활용한다. 좋은 아이디어 같이 들리면 시도해보는 것이다. 전략에는 그 나름의 기능이 있지만, 기회가 더 장기적인 전략에 어떻게 들어맞는지를 파악하는 것이 더 중요하다. 전략적으로 움직인다는 것은 이기기 위해 따라야 할 전체적인 경기 운영 계획이나 규칙을 갖춘다는 말이다.

인내는 진정한 자산가가 되는 비결의 특성이다. 인내하기는 어려울 수 있으며 많은 경우 우리의 본성에 어긋난다(특히 인내가 어려운 사람들이 있다). 하지만 인내심을 갖는 것은 훌륭한 결정을 내리는 데 중요한 역할을 한다.

탄력성은 진정한 자산가가 되는 비결의 특징이며 전략을 고수한다는 의미이기도 하다. 물론 우리는 때때로 실수를 저지르며 실패할 수 있고, 실패하게 된다. 하지만 우리가 타격을 입고 상처를 입고 발길질을 당하고 엉덩방아를 찧으면서 실패할 때 그러한 모든 경험을 통해 깨달음을 얻게 됨을 확신한다. 실수하고 실패할 때마다 최대한 많은 깨달음을 얻고 그 이후에는 실수를 영원히 우리의 노예로 만드는 것이다. 실수하지 않고 삶을 살아갈 수 있는 사람은 없지만, 각자는 그 실수에 대한 태도와 실수에 어떻게 대응할지를 통제할 수 있다.

진정한 자산가가 되는 비결은 체계적이고 조직적이다. 우리는 전략에 따라 행동하고 단계별로 진행하는 목적을 추구한다.

가능할 때마다 진정한 자산가가 되는 비결은 오토파일럿 방식으로 작동한다. 가능할 때마다 우리는 비재량적 시스템, 자산 관리 원칙, 투자 전략을 자동화할 방법을 찾는다. 삶에서 단순함의 가치를 높이 평가하기 때문이다. 우리는 돈보다 단순성을 중요시하며 노예가 되기를 원치 않는다. 그 반대로 돈이 우리의 노예가 되기를 바라기 때문에 기술과 기타 방법을 활용하여 절차를 자동화한다. 비재량적이라는 말은 남의 재량이나 판단, 선호하는 바에 휘둘리거나 영향을 받지 않는다는 뜻이다. 다시 말하면, 우리가 규칙을 정하고 이를 지킨다는 것이다. 이 규칙은 순간의 기분에 따라 변화하지 않는다.

모멘텀 구축은 진정한 자산가가 되는 비결의 특징이며 여기에는 심리적 모멘텀과 재정적 모멘텀이 있다. 우리는 진전이 일어나고 있음을 확인하면 뿌듯함을 느끼기 시작하며 이후에는 일이 저절로 풀린다.

다양성은 진정한 자산가가 되는 비결의 특징이다. 우리는 투자가 다변화되어 있기를 확인하려 애쓴다. 한 번의 사건이나 실수로 재앙과 같은 손실을 질 위험에 처하기를 절대 원하지 않는다. 대차대조표든, 자산 기반이든, 아니면 주식, 채권, 부동산, 기타 자산으로 구성된 포트폴리오든 재앙적인 손실에 노출되지 않도록 주의를 기울인다.

진정한 자산가가 되는 비결은 배분에 집중한다. 자산 배분과 특히 자산의 특징을 고려한 배분에 관심을 쏟는다.

또 다른 특징은 유동성이다. 유동성이 높은 자산과 유동성이 낮은 자산 간 차이를 이해하기를 원한다. '땅이 많지만, 현금은 부족하다'라거나 다음에 시장 폭락이 찾아올 때 '유동성 부족(liquidity squeeze)'으로 난처한 상황에 부닥치기를 원치 않는다.

진정한 자산가가 되는 비결은 적응성의 가치를 높게 평가한다. 우리는 시장 상황, 환경, 현재 트렌드에 따라 사고와 투자 전략을 수정한다. 이러한 문제에 있어 시장이나 다른 사람이 우리에게 맞춰 주리라 기대하지 않는다.

우리는 이동성을 원한다. 재배치가 자산 전략과 자산 기반을 관리하는 능력에 어떤 영향을 미치는지 질문해본다. 하나의 장소에 머물도록 우리를 구속하는가?

우리는 유형 자산을 원하며 유형 자산의 중요성을 간과하기를 원치 않는다. 결국, 모든 부가 땅에서 창출되기 때문이다. 유형 자산에는 금, 은, 백금과 같은 귀금속에서부터 가스, 원유, 생산성 있는 토지, 임대 부동산, 내재 가치가 있는 기타 자산에 이르는 모든 자산이 포함된다.

오랜 세월 동안 유효성이 검증되었다는 것이 진정한 자산가가 되는 비결의 특징이다. 우리는 장기간에 걸친 역사적 사이클과 패턴을 살펴서 무엇이 세월을 견뎌냈는지를 파악한다. 언제나 변함 없는 전략, 버티는 힘, 시간이 흘러도 변함없는 원칙을 선호하지만, 여건이 허락한다면 단기간에 노려볼 수 있는 투기 기회도 활용한다.

진정한 자산가가 되는 비결은 소비보다 생산을 선호한다. 가치의 창출은 소비가 아닌 생산에 달려 있다.

우리는 현금흐름 창출 자산에 특히 끌린다. 투자와 투기를 분명하게 구분하며 해마다 가난해지지 않고 더 부자가 되도록 만들어

주는 자산을 구축하고 구성하기 위해 따라야 할 간단한 규칙과 배분 방식을 제시할 것이다.

끝으로, 진정한 자산가가 되는 비결은 정치적으로 중립적이다. 어느 한 편의 정치적 성향에 희망을 걸지 않는다. 나 자신, 가족을 위해 미래의 재정 상태를 정치에 걸지 않는다. 다만 정치 트렌드가 자산 구축 노력과 재정 자유에 큰 영향을 미치며 이러한 부분을 간과하지 않을 것임을 인정한다.

부채를 현금흐름을 창출하는
자산으로 바꾸는 방법

부채의 근본 원인

'우리가 돈을 위해 일하지 않고 돈이 우리를 위해 일하게 만드는 방법'의 핵심으로 들어가기에 앞서 몇 가지 다뤄야 할 문제가 있다.

자산 구축자의 핵심적인 특징은 경제에서 소비가 아닌 생산하는 쪽에 있다는 것이다. 진정한 자산가가 되는 비결에서 우리가 익혀야 할 세 가지 기둥 중 첫 번째가 부채인 이유가 여기에 있다. 또한, 여기에서 우리는 작은 일에 신의를 다해 훨씬 더 큰 일을 맡게 되는 방법을 터득하게 된다.

많은 사람은 돈을 더 벌기만 하면 재정 문제가 해결되리라 생각한다. 청구서 납부를 밀리거나 생활 방식이 마음에 들지 않을 때 그저 소득을 늘리는 것이 최상이자 유일한 해결책이라고 여긴다. 이는 널리 퍼져 있는 사고방식이자 사회 프로그램으로서 지나치게 많은 사람이 삶을 더 많은 돈을 벌 방법에만 몰두하게 만드는 결과를 초래한다.

이러한 사고방식에 따라 직업에서 더 많은 성과를 내기 위해 노력하거나 다른 직업을 탐색하거나 새 사업을 시작하거나 학교로 돌아가는 선택을 한다. 이에 따라 수입이 증가할 수는 있지만 애초에 빚을 내도록 만든 바로 그 습관이 계속될 것이다. 더 많이 버는 순간 씀씀이가 더 커지기 시작하는 것이다.

문제를 근본적인 차원에서, 신념과 사고방식의 수준에서 해결해야만 한다. 우리가 보이는 중요한 행동은 잠재의식 속의 프로그램과 동기가 작용한 결과다. 소득이 증가한다면 더 많이 지출할 수 있어야 마땅하다. 그래서 더 좋은 동네로 이사하고 더 화려한 휴가를 즐기며 더 고급스러운 레스토랑에서 식사를 즐기고 명품 옷을 걸치거나 특권층이 모이는 단체에 가입하려 한다. 이러한 주기는 과잉소비 습관과 소득보다 지출이 많은 생활을 지속시킨다. 거의 모든 경우에 더 많은 돈을 번다는 것이 더 많은 빚을 진다는 것과 다름없다.

진정한 부를 쌓고 재정 독립성을 얻어서 자유, 안전, 성취감(자산 구축자의 삶)을 누리려는 목표를 세웠다면 부채의 근본 원인을 해결해야만 한다. 사고방식과 돈을 관리하기 위한 검증된 체계가 없는 것이 문제다.

부채의 시대

세계 경제는 부채가 주도하는 경제다. 앞에서도 언급했듯 40년 전 미국은 세계 최대의 채권국이었으나 지금은 세계 최대의 채무 국이다. 1971년에 달러의 금 태환을 정지하면서(브레튼우즈 체제의 붕괴 – 역주) 경제의 확장과 성장에 대한 견제와 균형이 사라졌다. 이로 인해 오늘날 우리가 처해있는 상황, 즉 경제가 성장을 이어가면서 부채 수준이 지속해서 높아지게 되었다. 이는 지속 가능하지 않으며 끝이 좋을 리도 없다. '당국(글로벌 은행, 기업, 정부)'는 우리가 소비지상주의에 계속 중독되어 가는 데 이해관계를 가지고 있다. 주된 후원자이기 때문이다.

안타깝지만 인간의 본성과 성급함이 문제다. 원하는 것을 지금 결제할 수 있는데 돈을 더 모을 때까지 기다려야 할 이유가 무엇인가? 만족을 지연시켜야 하는 이유가 무엇인가? 당장 원하는 것을 가질 수 있는데 돈을 저축해야 하는 이유가 무엇인가? 전혀 신나는 일이 아니지 않은가!

아주 어릴 때부터 이러한 사고방식이 형성된다. 우리는 소비자가 되고 빚을 지도록 프로그래밍 되고 그러한 상황에 부닥치게 된다. 학교에 가고 졸업한 다음에는 취업해야 한다고들 한다. 훌륭한 교육을 받기 위해 대학에 진학하는데 그러자면 대다수 사람은 빚을 내야 하며 이 시기에 생애 최초로 신용카드 발급 제안을 받게된다. 졸업할 때는 모기지에 맞먹는 부채가 있지만 그렇다고 집이 있는 것도 아니다. 내가 가지고 있는 학위나 분야에는 일자리가 없으며 부채로 얻은 교육을 보증하는 실물 자산이 있는 것도 아니다.

기업은 수십억 달러를 들여 돈을 쓰라고 부추기는 광고를 한다. 미디어는 우리가 가치를 인정받고 자기 자신에게 만족하기 위해, 또는 삶에서 공허함을 메우기 위해 무언가를 구매해야 한다는 생각을 끊임없이 심어준다. 일 년 365일, 24시간 내내 우리를 훌륭하지만 초라한 소비자로 만드는 메시지가 쏟아진다. 심지어 정부는 불황기에 소비야말로 애국하는 길이라면서 제 역할을 하고 쇼핑을 하라고 부추긴다!

여기에는 새로운 진실이 없다. 우리는 역사상 수없이 반복된 사이클을 살펴볼 것이다. 통화가 팽창하고 나면 궁극적으로는 가치가 하락한다. 저금리, 부채가 견인한 과잉소비는 이러한 과정을 앞당긴다. 사회가 더 풍요로워질수록 사람들은 더 사치를 부리고 게을러진다. 부자가 되고 권리를 얻으며 관대함을 합리화한다.

다시 말하지만, 지금 우리가 누리고 있는 것과 같은 부채 기반의 경제에서 부채는 경제가 계속 확장하고 성장하기 위해서 증가할 수밖에 없다. 이 상황을 변화시키는 유일한 방법은 다음 두 가지 중의 하나가 일어나는 것이다. 경제를 견인하는 동력에 급진적이고 근본적인 변화가 생기거나 경제 또는 정부가 계속 증가하는 부채 부담을 더는 견디지 못하는 지점에 도달하는 것이다.

이러한 상황에서 우리가 취할 수 있는 최상의 조치는 개인적으로 책임을 다하고 부채와 소비의 피해자가 되기를 중단하는 것이다. 이 책이 도움이 될 것이다. 통제력을 되찾고 오늘날의 경제, 혹은 경제 사이클의 어떤 국면에서도 자유로워지는 도구와 방법을 알려준다. 하지만 그러한 도구와 방법을 얻으려면 진지한 태도로 임해야 하며 부채와 재정 상황에 대한 합리화를 그만둬야 한다. 옛 속담에 '빚신 자는 빚쟁이의 종이 되느니라'라고 했다. 다시 말해 빚을 지면 노예가 되는 것이다. 듣고 싶지 않겠지만 사실이 그렇다. 당신은 노예로 지음 받은 존재가 아니다. 현명한 청지기이자 관리자로서 영토와 자원에 대해 지배권을 행사하도록 창조되었다.

세상은 빠르게 변화하고 있다. 우리는 정보화 시대에 완전히 사로잡혔으며 앞서 언급했듯 이미 인공지능(AI)과 로봇이 활약하는 기계 시대에 접어들었다. 사람들이 수십 년 동안 의지했던 경제 모델은 사라지고 있으며 다시 돌아오지 않을 것이다. 탈중앙화 가상화폐(decentralized cryptocurrency)는 유망하며 파괴적인 기술이지만 아직 초기 단계이며 입증되지 않은 기술에 불과하다. 재정 독립성을 경험하고 자산 구축자로서의 삶을 살고 싶다면 역사에서 우리가 사는 시대에 돈에 대한 새로운 접근법을 취하고 새로운 습관을 길러야 한다.

부채는 사회적으로 허용되는 습관이자 생활양식이 되었다. 대다수 사람은 부채를 떠받칠 소득이 발생하기도 전에 부채를 일으켜야 한다. 더 나쁜 것은 나쁜 부채와 '좋은' 부채 간 차이점을 이해하지 못한다는 것이다. 바로 이러한 이유에서 진정한 자산가가 되는 비결은 부채라는 기둥에서부터 시작한다. 부채를 상환할 때 갇히는 마이너스 복리의 감방에 대해 살펴보고 이를 역으로 자산을 불리는 장치로 전환하는 방법을 알아볼 것이다.

돈의 사분면

부채 기둥과 돈을 마스터하는 여정을 계속하기 전에 간단하면서도 매우 강력한 '돈의 사분면'이라는 '진정한 자산가가 되는 비결' 개념을 소개하고자 한다. 앞으로 보여 줄 차트를 기억한다면 돈을 바라보고 소비하고 투자하는 방식과 주변의 물리적 세계를 인식하는 방법이 완전히 바뀔 것이다.

대차대조표에는 네 가지 유형의 부채와 자산이 있다.

대차대조표란 무엇인가?

대차대조표는 자산과 부채의 목록이다. 둘 사이의 차이가 순자산이다. 부채보다 자산이 많으면 순자산이 플러스다. 반대로 자산보다 부채가 많으면 순자산이 마이너스이다.

모든 사람은 인지하든 못하든 상관없이 대차대조표를 가지고 있다. 대차대조표가 자산 구축과 경제적 독립에 어떤 영향을 미치는지에 대해 계속 다룰 것이다.

이야기를 계속해보자.

돈의 사분면에서 왼쪽 아래에 소비자 부채가 있다. 신용카드로 일으킬 수 있는 부채의 유형이다. 대차대조표에는 빚(부채)을 상쇄할 (자산이) 없다. 식료품, 의료비, 여행 등에 이미 돈을 소비했거나

〈돈의 사분면〉

부채/자산의 4가지 유형

가치가 상승하는 자산	현금흐름 자산
소비자 부채	가치가 하락하는 자산

썼기 때문이다. 게다가 월별 신용카드 결제액에는 소비액에 대해 평균 17~22% 또는 이보다 높은 수준의 복리가 포함되어 있다.

사분면의 오른쪽 아래는 가치가 하락하는 자산(Depreciating Assets)이 있다. 중산층에게 가장 일반적인 유형의 부채다. 가치가 하락하는 자산은 사람들이 구입하는 항목이다. 이를 자산이라고 생각하지만, 사실은 부채다. 일반적으로 신용을 사용하여 얻은 가치가 하락하는 자산에는 가구, 선박, 자동차, 심지어 주택이 포함된다. 사람들은 집을 투자 대상으로 생각하기를 좋아한다. 가치가 올라갈 가능성이 있기 때문이다. 하지만 시장이 상승해야만 시간이 흐름에 따라 주택의 가치가 생기는 것이다. 이와 동시에 주택을 구성하는 자재도 가치가 하락하며 노후화된다. 국세청이 소득 신고 시 주택을 보유하고 있거나 임대 목적의 상업용 부동산 소유에 대해 감가상각 공제를 해주는 이유도 이 때문이다.

새 차를 몰고 나가는 순간 돈을 잃기 시작하는 셈이다. 차량의 감가상각률은 구입하고 3년 동안 가장 높다. 새 차를 절대 구입하지 않는 편이 훨씬 현명하며 최소 3년 이상 된 차를 구입하는 것이 좋다. 그러면 감가상각률을 최소화할 수 있다.

부자가 되기를 진지하게 고려하는 사람이 저지를 수 있는 최악의 행동 중 하나는 빚을 내서 차를 사는 것이다. 그토록 많은 사람이 이러한 실수를 저지르는 이유가 무엇인가? 자동차가 기분을 좋게 만들기 때문이다. 광고는 우리가 차를 구매하고 소비하고 빚을 내도록 만든다. 우리는 동료들로부터 압박을 느끼며 이웃들과 보조를 맞추기를 원한다. 특정한 이미지로 비치기를 원하고 스스로에 대해 만족감을 느낄 수 있도록 멋진 자동차로 무장하기를 원한다. 이 모든 요인이 우리가 빚을 내서 새 차를 구입하게 만든다. 차가 필요하다면 현금으로 구입하라. 배를 살 수 있는 가처분 소득이 있다면 자금을 융통해서는 안 된다. 모든 사람이 대차대조표에 어느 정도의 가치가 하락하는 자산을 보유하고 있을 것이다. 여기에서 기억할 점은 가치가 하락하는 자산을 얻기 위해 절대 부채를 일으키면 안 된다는 것이다. 부를 창출하는 비결의 하나는 대차대조표에서 가치가 하락하는 자산을 제거하는 일이다.

사분면에서 왼쪽 위는 가치가 상승하는 자산이다. 시간이 흐를수록 가치가 오를 가능성이 있는 자산이다. 가치가 상승하는 자산으로는 토지가 있다. 시장의 주기에 따라 토지의 가치가 오르기도 하고 내리기도 한다. 미술품, 희귀 동전, 기타 수집품 또한 가치가 상승하는 자산으로 볼 수 있다. 현명하게 구매한다면 훌륭한 미술품은 시간이 흐르면서 가치가 올라간다. 기업 인수 자금도 가치가 상승하는 자산이 될 수 있다. 기업을 새로 시작하는 것은(스타트업)

기업이 제대로 정착해서 현금흐름을 꾸준히 창출하기 전까지는 가치가 오르는 자산이다.

가치가 상승하는 자산에서 기억할 점은 가능한 부채로 이 자산을 얻어서는 안 된나는 것이나. 투기성이 있는 사산은 흥미진진하지만 가치가 오를지에 대해 통제할 수 없다. 다시 말해 제대로 된 시기에 투자해야 하고 이를 꾸준히 잘하는 사람은 아주 드물다. 가치가 상승하는 자산은 가치가 하락하는 자산과 마찬가지로 거의 항상 부의 현금흐름을 창출하며 이 부분에 대해서는 나중에 설명할 것이다.

네 번째 자산 유형은 사분면의 오른쪽 위에 위치하며 현금흐름 자산이다.

'좋은 부채'라는 것이 존재한다면 현금흐름 자산이 여기에 해당한다. 부자들이 부를 늘릴 때(보수적이고 전략적으로) 이를 활용한다. 기초 자산의 가치 이상으로 절대 레버리지를 일으키지 않으며 자산이 양의 현금흐름을 유지하는지 주의를 기울인다.

현금흐름 자산의 좋은 예가 임대 주택이다. 아들 중 하나가 임대 주택을 보유하고 있는데 모아 놓은 돈으로 압류 주택의 계약금을 치렀다. 잔금을 치르고 수리를 하기 위해 대출을 받았는데 현재 이 부동산은 월 417달러의 현금을 창출하고 있다. 임대 부동산은 모기지, 금리, 보험료 등 모든 비용을 만회하고도 남는 현금을 안겨 주고 있다. 아들이 이러한 일을 한 나이가 열다섯 살이다.

만약 아들이 이제는 세를 놓지 않고 들어가서 살기로 하면 이제 그 부동산은 현금흐름 자산으로 분류할 수 없다. 이제는 가치가 하락하는 자산으로서 가치가 상승할 가능성은 이익을 보고 매각하는 경우에만 발생하며 모든 비용을 지불한 후에는 자본 이득이 생긴다.

양의 현금흐름 자산에 대한 또 다른 예에는 배당주, 지방채, 1차 모기지 신탁증서로 보증된 채권이나 대출, 급여를 비롯한 모든 비용을 빼고도 이익을 꾸준히 낼 정도로 정착한 기업이 있다. 부자들이 그렇게 하듯 현명하게 활용한다면 현금흐름 자산은 양의 현금흐름 및 가치 상승을 통해 부를 늘리고 자산 기반을 넓혀준다.

부채를 자산으로 바꾸는 방법

하와이 출신으로 가장 친한 친구인 크리스의 아버지는 늘 진입로에 낡은 차를 세워 놨다. 오랫동안 몰았던 차다. '고물 자동차'의 점화 스위치에는 항상 키가 꽂혀 있었다. 동네 사람들과 친구들은 차가 필요하면 언제든 그 차를 사용할 수 있다는 것을 알고 있었다. 다만 반납할 때는 연료를 가득 채워주면 됐다.

어느 날 크리스의 아버지한테 물은 적이 있었다. "스티브, 돈이 많은데 새 차를 왜 안 사세요?"

그러자 친구 아버지는 "새 차에 써야 할 돈을 퇴직 예금에 넣고 있단다"라고 답했다.

대화를 마치고 돌아오는 길에 친구 아버지가 현명하다고 생각했다. 이것이 바로 부채를 투자로 전환하는 방법이다. 한순간도 잊은 적이 없는 이 원칙은 진정한 자산가가 되는 비결 사고와 전략에서 핵심을 이루고 있다. 크리스의 아버지를 비롯한 많은 사람이 우리가 대화를 나눈 이후에도 수년 동안 그 차를 이용했다. 사실 나와 아내 다니는 돈을 아끼기 위해 신혼여행을 갈 때 그 차를 빌렸다!

모든 것을 잃는 방법

요약하자면, 부채의 네 가지 유형 중 세 가지는 나쁜 유형의 부채이며 자산을 좀먹는다. 사분면에서 아래에 있는 소비자 부채와 가치가 하락하는 부채는 발을 들여서는 안 되는 레드존이다.

사분면의 상단에서 왼쪽에 있는 가치가 상승하는 자산은 위험한 지대이며 상당한 주의를 기울여야 한다. 많은 투자자가 이러한 부채를 레버리지하여 투기를 하지만 대다수 사람에게 이러한 자산은 그저 투기로만 그치게 된다. 주식과 부동산 시장에서 이를 확인할 수 있다. 시장이 오르면 사람들은 장에 편승하여 절대 돈을 잃지 않을 것으로 생각하면서 빚을 내거나 마진 거래를 한다. 2차 모기지를 일으키거나 주택의 가치를 뛰어넘는 저당을 잡힌다. 투기성 주택을 일 년 안에 매각해서 이익을 볼 것이라는 생각에서다. 이들은 상승장에서 엄청난 돈을 벌게 될 것이라 확신하면서 과도

한 주택담보대출(LTV) 비율을 합리화한다. 가치가 상승하는 자산, 투기성 부채 버블 활동은 대다수 사람에게 도박일 뿐이다.

첫 번째 주택에서 성공을 거두고 두 번째, 세 번째 주택에서도 성공할 수도 있다. 문제는 실패가 아닌 성공에서 시작된다. 성공하면 레버리지를 일으키는데, 상승장에서 모든 사람이 그렇게 한다. 효과가 나는 일을 계속하는 것이 인간의 본성이기 때문이다. 차입금 활용과 부채가 증가하는 상황에서 시장 사이클의 잘못된 편에서게 되면 한 번의 손실만으로도 마치 도미노처럼 모든 것이 무너질 수 있다. (거래에서) 계정이 날아가거나 대차대조표가 붕괴하고 마는 것이다. 과도하게 차입을 일으킨 상태이며 시장의 흐름이 바뀔 때 상황인식이 안 되거나 위험을 예측하고 관리할 체계를 갖추지 못한 것이다. 진정한 자산가가 되는 비결은 체계를 갖추고 규칙에 따라 투자하여 이러한 낭패를 절대 겪지 않도록 도와줄 것이다.

내가 아는 한 부부는 부동산에서 수백만 달러를 벌었으나 '절대 실패하지 않는' 투기성 개발 프로젝트에 몰방했다가 번 돈을 다 날리고 말았다. 시장의 흐름이 바뀌더니 곤두박질쳤고 붕괴해 버렸다. 이 부부의 자금은 모두 비유동적인 투기성 프로젝트에 묶여 있었고 파산을 면치 못했다. 게임은 끝났고 두 사람은 완전히 빈털터리가 되었다. 이런 경험을 하고 나면 심리적으로 타격을 받고 머릿속이 엉망이 된다. 친구들은 다시는 회복하지 못했다.

견고한 장기 트랙레코드를 갖춘 전문적인 투기자가 아니라면 가치가 상승하는 자산형 부채를 다룰 때 극도로 주의를 기울여야만 한다. 땅 투기, 상품, 부동산, 주식 시장, 기타 유형의 가치가 상승하는 자산 거래에 전문 기술과 내부 정보가 없는 대다수 사람은 가치가 상승하는 자산을 보유하지 않는 것이 최선이다. 이에 대해서는 나중에 자산 관리와 투자 비율에 관해 설명할 때 자세히 다루겠다.

이러한 유형의 투기에 따른 결과에서 간과되는 또 다른 점은 대차대조표에서 거의 항상 마이너스 현금흐름 자산 상태라는 것이다. 이러한 자산을 유지하는 데 관련된 비용은 재무 상태에 악영향을 미쳐 해마다 부유해지기는커녕 가난하게 된다.

최고의 자산가가 예산을 짜는 방법

이제 독자들에게 부자와 고액자산가가 돈을 관리하는 비결을 알려주겠다. 간단하지만 매우 강력한 방법이다. 이 방법을 배우고 터득하면 따분하고 효과가 없는 기존의 예산 편성은 다시는 고려하지 않을 것이다. 앞으로는 더 부유해지지 않는 한 해를 다시는 경험하지 않게 될 것이다.

진정한 자산가가 되는 비결의 자산 관리 체계에서는 대다수 회계사와 재무 자문가가 가르쳐온 기존의 예산 계획을 사용하지 않을 것이다. 이유는 간단하다. 효과가 없기 때문이다.

작동하지 않는 이유는 인간의 본성에 있다. 대다수 사람은 재무 계획을 세우는 기존의 방식을 일관성 있게 따르지 않는다. 우리의 잠재의식은 문자 그대로 800파운드 무게의 고릴라에 불과함을 기억하라. 이길 승산이 없는데 왜 싸우는가? 전체 인구의 1~2% 정도는 기존의 재무 계획을 따르는 성격과 기질을 가지고 있을지 모른다. 다수의 사람은 재무 계획을 세워 놓고는 따르지 않는다. 그 계획을 유지할 만한 단순하고 자동화된 체계를 갖추고 있지 않거나 감정을 자극하는 사건이 발생해서 비이성적인 생각이 지배하여 프로그래밍한 대로 지출하기 시작하는 것이다.

불편한 비밀을 알려주자면 우리는 잘못된 방식으로 재무 계획을 짜고 자산을 관리하도록 배웠다는 것이다. 자산가들은 달러와 센트를 근거로 돈을 관리하지 않는다. 이들의 관심은 비율에 있다. 진정한 자산가가 되는 비결에서 우리는 자산가들이 하는 대로 행동하게 된다. 비율에 기반한 체계를 활용하여 돈을 관리하고 투자 자산을 배분할 것이다.

파킨슨의 법칙

파킨슨의 법칙에 따르면 어떤 일이든 주어진 시간이 다하기 직전까지 늘어진다. 다시 말해 사람들은 업무에 시간을 얼마나 배정해놨든 상관없이 그 업무를 마치도록 할당된 시간을 전부 사용한다. 예를 들어 잔디를 깎아야 하는데 다음 주말까지 마치겠다고 마음을 먹으면 다음 주말이 닥치기 전에는 실천에 옮기지 않는 것이다. 토요일이나 일요일까지 기다렸다가 잔디를 깎게 된다. 하지만

30분 안에 잔디를 깎기를 원하는 상황이라면 주어진 짧은 시간 안에 가장 빠르고 가장 효율적으로 잔디를 깎을 방법을 파악할 것이다. 대다수 사람들은 파킨슨의 법칙이 생산성과 시간 관리에나 적용된다고 생각할 것이다. 하지만 이 법칙은 자산 관리와 자산 구축에도 적용된다.

진정한 자산가가 되는 비결에서 기억할 법칙: 언제나 돈은 머물 곳을 찾는다.

여윳돈이 생기기만 하면 지출하고 소비하게 된다. 돈이 어디로 가서 어떻게 사용되어야 할지, 목적이 무엇이며 존재 이유가 무엇인지를 정하지 않으면 사실상 그 돈이 무엇을 할지를 우리에게 알려줄 것이다. 돈은 우리에게 영향력을 행사한다. 이상하게 들릴지도 모른다. 분명 돈이 말을 할 리도 없고 우리에게 무슨 일을 하라고 말할 수도 없기 때문이다. 하지만 실상 우리는 돈으로 단 한 가지 일을 하도록 프로그래밍이 되어 있다. 훌륭한 소비자가 되어 돈을 쓰는 것이다!

우리가 돈의 주인이 되려면, 돈을 우리의 종으로 만들고, 우리가 돈을 위해 일하는 것이 아니라 돈이 우리를 위해 일하도록 만들려면 돈에게 쓰임새가 무엇인지, 존재하는 이유가 무엇인지 말해줘야만 한다. 지금 설명하려는 체계를 통해 그런 일을 할 수 있다.

고릴라와 싸우는 방법

진정한 자산가가 되는 비결을 따르면 돈에 대해 건드릴 수 없는 절대 규칙에 기반한 체계를 세워서 사회의 프로그램이나 조건과 맞서 싸울 수 있다. 우리는 자산을 불리고 자유롭게 해주는 목표를 향해 우리를 자동으로 움직여주는 방식으로 돈을 배분하는 기본 프로그램을 실행한다. 타협할 수 없으며 우리의 감정이나 느끼는 바에 휘둘리지 않는 자산 관리 및 투자 체계를 마련한다.

절대 규칙에 기반한 필터와 체계는 돈의 쓰임새와 존재 이유를 만들어준다. 돈이 어디로 가서 무엇을 해야 할지를 알려주고 우리 잠재의식 속에 있는 800파운드짜리 고릴라를 좌절시킨다. 이는 진정한 자산가가 되는 비결의 기본적인 원칙이며 우리가 돈에 주인이 되고 돈을 우리 종으로 만드는 첫걸음이다.

절대 규칙 1(Non-discretionary rule #1, ND1):10-10-10-70 규칙

그렇다면 이 체계를 어떻게 실행할 수 있을까? 급여든, 선물이든, 보너스든, 공돈이 생겼든 1달러를 벌 때마다 10-10-10-70 규칙을 적용한다. 우리가 예치하는 모든 돈에 이 규칙이 적용된다.

10-10-10-70 규칙(ND1)은 우리가 소득(일해서 번 돈)을 관리하

는 방식이며 다음과 같이 운영된다.

- 첫 번째 10%는 나누기 위해 떼어 둔다.
- 두 번째 10%는 자산 계좌로 간다.
- 세 번째 10%는 부채 상환 가속 장치로서 부채를 갚는 데 쓴다.
- 나머지 70%는 생활비로, 일상을 꾸리고 필요한 지출을 하는 데 쓴다.

진정한 자산가가 되는 비결에서 우리는 이 간단하지만 강력한 공식을 활용하여 부를 얻는 데 최대의 골칫거리인 우리 자신과 지극히 인간적인 감정을 극복하고 일격을 가한다.

기부자가 되기: 첫 번째 10%

진정한 자산가가 되는 비결이 소득의 10%를 나눔에 사용한다는 데서 시작하는 이유가 무엇일까?

답은 보편적인 영적 법칙에 있다. 이 법칙에 따르면 기부자는 더 많은 축복을 받게 된다. 다른 식으로 말하면 뿌린 대로 거둔다. 나눈다는 말은 아무리 작은 것을 가졌더라도 조물주가 공급하리라고 믿는다는 뜻이다. 나눔은 청지기 법칙을 작동시킨다. 작은 일에 충성하기 때문에 신뢰를 받고 더 큰 일을 관리할 수 있도록 만드는 것이다.

영업하는 직원에 대해 생각해보라. 판매하지 않으면 먹을 수 없다. 상황이 나쁘면 수수료에서 받는 돈이 청구서를 납부하기에 부족하므로 점점 스트레스를 받는다. 이러한 일이 발생하면 말이 아닌 방식으로 소통한다(모든 의사소통의 93%는 언어 이외의 방식으로 이뤄진다고 한다). 입으로는 정반대로 말할지라도 자신이 절박한 상황이라는 것을 표현하는 것이다. 인간의 본성은 언어 이외의 소통에서 곤궁과 절박함을 드러내는 사람에게 끌리지 않도록 인간을 지배한다. 하향 사이클이 형성되어 상황이 악화된다.

하강 나선을 뒤집는 방법은 기부자가 되는 것이다. 필요한 모든 것을 이미 가지고 있음을 깨닫고, 따라서 감사할 일이 많다는 것을 알게 되면 선택지가 있다는 것을 발견할 것이다. 살림의 규모를 줄이는 등으로 생활을 조절하기 시작한다. 특히 나눔을 시작하게 된다.

나눔은 조물주에 대한 믿음, 우리의 삶에서 조물주의 섭리에 대한 믿음의 형태다. 이 영적인 법은 청지기 법칙과 밀접하게 연관되어 있다. 사업, 재정, 부에서 성공하는 것과 더불어 나눔은 비참한 부자 놈이 되지 않도록 방지하는 핵심적인 해독제다. 사업(또는 모든 인간관계)에서 다른 사람이 나에게 무엇인가를 사주거나 해주기를 간절하게 원하거나 필요로 하면 상대방은 그것을 알아차린다. 궁핍한 사람은 절대 베푸는 법이 없다. 반대로 내가 베풀면 영적인 차원에서 변화가 일어난다. 삶에서 풍요와 보상을 불러일으키는 작동 원리가 가동되고 비언어적인 의사소통에 변화가 일어난다. 또한, 문이 열리고 축복이 삶을 비추기 시작한다. 성사되는 계약이 늘어나고 연봉이 인상되며 예상치 못한 기회가 펼쳐진다.

　진정한 자산가가 되는 비결에서는 어디에 기부해야 할지를 규정하지 않는다. 개인이 선택할 영역이기 때문이다. 다만 자신의 열정이 있는 분야에 기부하는 것이 바람직하다. 아내 다니와 나는 수백만 달러를 보육원, 학대당한 싱글맘, 진정으로 도움이 필요한 아동에게 기부했다. 우리는 사람들이 스스로 설 수 있도록 도와주는 방식을 선호한다. 지원금은 의존성을 형성하기 때문에 선호하지 않는다. 물고기를 주기보다는 우리가 가진 자원을 활용해 물고기 잡는 방법을 알려주는 것이다. 또한, 연봉 지원이나 건축 프로그램으로 기부하는 것도 신뢰하지 않는다. 최소한 기부 금액의 90%가 수혜자에게 직접 전달되고 도중에 행정 비용과 간접비로 사라지는 것을 원치 않는다. 어디에, 어떤 방식으로 기부를 선택하든 개인적인 신념과 가치에 부합해야 한다. 자산 구축자는 기부자들이며, 나눔은 인생에서 뿌듯함을 경험하는 데 큰 부분을 차지한다. 우리가 나누는 이유는 나눠줄 수 있는 것 자체가 축복이기 때문이다. 언제 다른 사람으로부터 도움이 필요한 처지가 될지 우리는 알 수 없으며, 특히 나눔은 긍정적인 결과를 불러온다.

먼저 자신에게 지급: 두 번째 10%

　소득에서 두 번째 10%는 매우 강력한 부의 원칙인 '먼저 자신에게 투자하라'이다. 많은 사람이 이 원칙을 들어본 적이 있지만 실제로 실천하는 사람은 드물다. 모든 예금에 대해 매주, 매달, 매년 원칙을 일관적으로 적용하는 전략적이고도 자동적인 방법이 없기 때문이다.

진정한 자산가가 되는 비결은 두 번째 10%를 자산 계좌에 넣어 절대 규칙 기반의 10-10-10-70 공식에 따라 딜레마를 해결한다. 자세한 내용은 곧 다룰 것이다.

부채 상환 가속 장치: 세 번째 10%

세 번째 10%는 부채를 제거하는 데 사용하며 이를 부채 상환 가속 장치라고 부르겠다.

부채 상환 가속 장치가 어떻게 작동하는지는 이 장의 후반부에서 자세하게 설명할 것이다.

분수에 맞는 생활하기: 70% 규칙

자산을 불리는 데 있어 가장 기본은 소득 내에서 생활하는 것으로, 소비하는 것보다 더 많은 것을 생산하며 그 차액을 저축하고 투자하는 습관을 익힐 필요가 있다. 인간의 본성은 환상을 쫓는(남의 떡이 더 커 보이게 마련임) 방식으로 지름길을 찾거나 단기간에 부자가 되려 하거나 보조금을 받거나(피해자 행세) 도박을 하거나 부채와 기타 유형의 투기를 활용하려 한다.

기본적으로, 분수에 맞는 생활을 하는 것은 진정한 자산을 형성하는 비결인 청지기 원칙에 부합한다. 한동안은 운이 좋을 수도 있고 자신은 예외로서 원칙을 비껴갈 수 있다고 생각할 수 있지만,

착각일 뿐이다.

부채가 있고 과소비를 하는 생활을 하면 소득 수준 이상으로 지출을 해서 결국 원칙을 어기게 된다. 진정한 자산가가 되는 비결에 따라 소득(일해서 번 돈)의 70%로 생활한다는 70% 규칙을 지키면 이러한 습관을 고칠 수 있다.

소득의 70%로 생활해야 한다고 하면 많은 사람은 지금 소득의 100%로도 거의 살 수 없다고 답한다. 하지만 진정한 자산가가 되는 비결을 실천하고 나면 삶에 불필요한 지출이 많았다는 사실을 깨닫게 된다.

우리는 없으면 견디기 어려운 물건이 있다고 생각하는 경향이 있으나 그렇지 않음을 알게 된다. 버려야 할 습관이 굳어진 경우가 많다. 아내 다니가 운영한 부채와의 전쟁 프로그램은 사람들이 '군살을 빼고' 재정에서 지출이 과도한 부분을 확인하는 데 최적이다. 결국, 이는 정신적인 게임이며 오랫동안 사회적으로 지출하고 소비하도록 길든 습관을 버리기 위해 모든 수단을 적극적으로 동원해야 한다. 지름길이 있다면 진정한 자산가가 되는 비결의 ND1 자산 관리 체계가 바로 그것이다.

단순한 것이 더 좋다

재정 독립성을 이루고 자유와 안전, 성취감을 얻는 것이 우선적인 목적이라면 힘든 결정을 내려야만 한다. 절묘한 부분은 그 결정대로 실천하면 사실은 자유로워지는 경험을 하게 된다는 것이다.

과거에 필요하다고 생각했던 그 모든 것이 실제로는 필요하지 않았음을 알게 된다. 만족감을 준다고 생각했던 그 모든 것과 모든 소비가 당신이 진정으로 추구하던 만족을 향해 데려가지 않는다.

많은 사람은 더 많은 돈을 벌게 되고 좋은 물건을 사고 더 많은 물건을 사더라도 보너스 규모에 상관없이, 사업이 얼마나 성공했느냐 혹은 집이 얼마나 멋진지에 관계없이 이제 충분하다는 생각을 전혀 하지 못한다. 이것이 비참한 부자 놈의 삶이다. 내가 실제로 그런 삶을 살아봤는데 형편없었고 좋은 구석도 없었다. 정말이다.

'더 큰 것이 좋다'는 문화에서는 시류를 거스르는 것이 어려울 수 있다. 우리는 문자 그대로 소비지상주의, 소비, 부채라는 종교로 세례를 받았다. 거대한 규모의 문화에 살고 있다. '내가 가진 것이 진정으로 나를 더 행복하게 만들어주는지' 스스로 질문을 던져 보라.

오늘날 대다수의 서양 사회에서는 더 많은 것을 추구하는 태도와 불행 사이에 상관관계가 있는 것으로 보인다. 더 많은 것을 가질수록 행복하지 못하다. 비참한 부자 놈이 되어 간다. 더 많은 것이 더 좋은 것이 아니다. 더 큰 것이 더 좋은 것도 아니다. 단순한 것이 사실은 더 좋은 것이다.

소득의 70%로 생활한다는 규칙은 작은 것에 신의를 다한다는 청지기의 영적 법칙으로 돌아가는 것이다. 지금 가지고 있는 돈에 충실하지 않으면 승진하고 연봉이 인상되고 더 나은 직장에 다니고 사업이 두 배로 성장했을 때 가지고 있는 자원을 잘 지키는 청지기가 될 수 있을까? 그런 일은 일어나지 않는다. 오늘 우리가 가진 습관이 곧 미래에 갖게 될 습관이다. 하지만 현재 가지고 있는 사원의 선한 청지기이자 관리자가 되면 그 자원이 보잘것없는지에 상관없이 다른 좋은 일이 삶에 찾아오도록 만드는 연쇄 반응을 형성하는 것이다.

지금 한 걸음 물러서서 진정으로 필요한 것이 무엇인지 찾아야 한다. 지출을 꼼꼼하게 따져보고 소득의 70% 수준으로 줄여야 한다.

소득의 70% 내에서 생활하는 한 돈을 원하는 곳에 마음껏 사용할 수 있다. 화려한 삶을 원한다면 죄책감을 느끼지 말고 그렇게 생활하라. 자원을 충분히 잘 지키고 관리하고 있기 때문이다.

부채, 소득, 자산이라는 진정한 자산가가 되는 비결의 세 가지 기둥을 모두 익히고 나면 소득이 급격히 증가하고 자산 기반도 확대될 것이다. 그러면 소득의 70%에 못 미치는 비율로도 생활하는 자신을 발견하게 된다.

ND1의 실천 방법: 세부 내용

ND1, 10-10-10-70 규칙의 실천은 돈을 넣을 네 가지 개인 계좌를 만드는 데서 출발한다. 다시 말하지만, 돈이 어디로 가야 하는지 정하지 않으면 돈이 어디로 갈지를 당신에게 알릴 것이다. 돈의 주인이 되려면 돈에 특정한 목적을 부여해야만 한다.

계좌별로 얼마를 넣을지는 10-10-10-70 비율에 달려 있다. 대다수 사람처럼 한 계좌에 돈을 전부 넣는 것이 아니다. 한 계좌에 넣으면 서로 목적이 다른 자금이 뒤섞이게 된다. 진정한 자산가가 되는 비결에서는 자금을 분리하며 존재 이유를 부여한다. 돈에게 쓰임새가 무엇인지, 주인이 누구인지를 알려주며 그 반대의 경우가 되어서는 안 된다. 그렇게 하는 간단하고도 가장 효과적인 방법은 별도의 계좌에 예치하는 것이다.

첫 번째로 10%를 넣는 계좌는 나눔 계좌다. 대부분의 경우에는 당좌 예금 계좌다.

두 번째 계좌는 자산 계좌다. 자신을 위해 소득의 10%를 떼어서 입금하면 된다. 지역 은행이나 증권거래 계좌의 저축 예금 계좌에 넣어도 되지만 일반적인 저축 계좌여서는 안 된다. 자산 계좌의 자금은 단순히 궁할 때를 대비하거나 '필요할 때 쓸 수 있는' 비상금이 아니다.

자산 계좌의 돈에는 특별한 목적이 있다. 돈은 씨앗이며 이 씨앗을 먹을 수도 있고 심을 수도 있다. 씨앗을 심으면 자라서 과일나무가 될 수 있다. 궁극적으로 과일나무는 열매를 맺는다. 우리는 미래의 언젠가 과수원에 들어가 과수원에 영향을 미치지 않으면서 과일을 따고 먹고 즐길 수 있도록 씨앗을 심고 키우기를 원하는 것이다. 과일나무는 해마다 열매를 맺을 것이다. 그 가능성이 씨앗에 담겨 있는데 만일 씨앗을 먹어버리면 절대 과일나무를 얻을 수 없다.

다시 말하지만 자산 계좌의 돈이 종잣돈(seed money)이라는 점이 중요하다. 인출하기 위한 '저축 계좌'가 아니라 나무를 기르기 위한 계좌다. 자산 계좌는 하나의 계좌에서 출발하지만, 시간이 흐르면서 여러 계좌, 부동산, 사업체, 유한책임회사(LLC), 기업, 기타 유형의 권리를 포함하는 재산 구조로 발전할 수 있다. 일반적으로 '자산 계좌'는 전체 대차대조표에서 자산 쪽을 의미한다.

세 번째 10%는 부채 계좌에 넣으며 이 자금은 부채 상환 가속 장치에 쓰인다. 자세한 내용은 뒤에서 설명하며 당좌 예금 계좌여야 한다.

네 번째 계좌의 70%는 청구서 납부 계좌로, 일상적인 생활비와 공과금 지출에 사용하는 돈이다. 이 계좌 역시 당좌 예금 계좌여야 한다. 사업 용어로 하면 운영 계좌다.

네 개 계좌를 요약하면 다음과 같다.

1. 10% 나눔 – 당좌 예금 계좌
2. 10% 자산 – 저축 또는 증권거래 계좌
3. 10% 부채 – 당좌 예금 계좌
4. 70% 청구서/운영 – 당좌 예금 계좌

소득이 발생할 때마다 10-10-10-70 규칙에 따라 4개 계좌에 나눈다. 모든 소득뿐 아니라 길에서 주웠든 이모가 생일 축하 선물로 50달러를 줬든 업무에서 거액의 보너스를 받았거나 영업 수수료를 받았든 세금 환급을 받았든 '공돈'에도 적용된다. 이 규칙은 이유를 불문하고 재량을 발휘하지 않고 적용한다. 처음에 돈을 예치하는 계좌는 70%에 해당하는 청구서 계좌다. 납부해야 할 금액을 지불하기 전에 가장 먼저 할 일은 나눔, 자산, 부채 계좌에 10%씩 이체하는 것이다.

이번에도 모든 소득은 그 출처와 관계없이 ND1 규칙에 따라 배분된다. 10%는 나눔 계좌로, 10% 자산 계좌로, 10%는 부채 계좌로, 나머지 70%는 청구서 계좌에서 생활비를 지출한다. 돈을 얼마 얻든, 일주일에 한 번이든 한 달에 한 번이든, 가장 먼저 할 일은 돈을 70% 당좌 예금 계좌에 예치한 다음 나머지 3개의 전용 계좌에 정해진 비율대로 이체하는 것이다. 이때 전체 금액의 70%는 70% 청구서 계좌에 남겨 둔다.

이제 진정한 자산가가 되는 비결의 큰 비밀이자 핵심 주제를 살짝 보여주겠다. 부자들과 기업 구조조정을 전문으로 하는 엘리트가 활용하는 핵심 전략이지만 학교에서 가르쳐주거나 재무 설계사와 자문가가 설명해주지 않는 전략이다. 개인적인 경험에 의하면 이들 중 대다수는 이 원칙을 제대로 이해하지 못하며 얼마나 강력한지, 어떻게 올바르게 적용하는지 알지 못한다.

독자들에게 알려주려는 비밀은 매우 효과적이어서 한 번 이해하고 나면 말 그대로 해마다 더 부유하게 해준다. 이와 함께 스트레스도 줄여주며 금융 난과 경제 패닉에 대해 회복력, 즉 '안티프래질'을 갖추도록 만들어준다.

이제 독자들에게 현금흐름을 위해 대차대조표를 재구성하는 절차를 소개하겠다.

복잡하게 들릴 수 있지만 이해하고 나면 얼마나 단순한 개념인지, 학교에서나 '자문인'에게 들어본 일이 없다는 점을 기이하게 여길 것이다. 자산 구축자와 진정한 자산가가 되는 비결의 실천자들은 현금흐름 창출을 위해 대차대조표를 최적화하기를 원한다. 그 작업은 양의 현금흐름 자산을 직접적으로 지지하지 않는 모든 부채를 제거하는 일에서 시작한다.

부채 상환을 늘리고 상환 속도를 앞당기는 방법

ND1 공식으로 다시 돌아가면 모든 소득의 10%를 부채 계좌에 넣는다. 이 10%는 매월 '부채 상환 가속 장치' 납부액(아래 참고)이며 이른바 부채 상환액 증가(CDE) 체계에 자금을 투입한다. 부채가 모두 사라지면 이 10%를 자산 계좌에 넣어 현금흐름 자산이 불어나는 속도를 가속화하고 복리로 증가하게 만든다. 하지만 그러려면 먼저 부채를 갚는 데 돈을 써야 한다.

계속 반복하는 말이지만 부를 늘리는 데 있어 첫 번째 핵심 원리는 사람이 돈을 위해서 일하는 것이 아니라 돈이 사람을 위해 일하게 만드는 것이다. 어떻게 그런 일이 일어날 수 있을까? 어떻게 하면 돈이 우리를 위해 일하게 만들까? 빠르고, 효과적이고, 지속해서 그렇게 할 수 있는 방법을 소개하겠다.

돈이 우리를 위해 일하게 만드는 1단계는 부채를 없애는 것이다. 부채는 복리의 원리가 나에게 불리한 방향으로 작용한다는 점에서 나쁘다. 소비자는 복리가 불리하게 작용하는 노예지만 자산 구축자는 복리가 이롭게 작용하게 만드는 주인이다.

앞서 지적했듯 전 세계 경제는 부채로 성장하고 있다. 유동성이나 신용과 같은 경제 활동을 설명하는 용어는 모두 부채와 연결되어 있다. 부채를 연구하고 그 역사를 살펴보면 의문의 여지 없이 노예의 형태임을 알게 된다. 인생에서 자유, 안전, 성취감을 원한다면 빚의 노예가 되어서는 안 된다. 삶 전체에 불리하게 작용해온 복리가 반대 방향으로 움직이고 우리를 위해 일하도록 만드는 방법을 보여주겠다. 이 방법에서는 (소득에서 10%를 배분해온) 부채 계좌를 통해 가속 상환을 이용한다. 작동하는 원리는 다음과 같다.

〈부채 상환액 증가 계획표〉

부채	잔액	최저	잔여 납부 횟수	우선순위	가속 납부액	새로운 잔여 납부 횟수
cc1	2k	$50	40	2	$950	2
cc2	7k	$150	47	4	$1600	4
car1	10k	$400	25	1	$900	11
car2	21k	$500	42	3	$1450	14
Loan	25k	$300	83	5	$1900	13
Mort	160k	$1500	107	6	$3400/mo	47
Totals	250k		344			91

우선 매월 총소득이 얼마인지 계산한다. 예를 들어 소득이 5,000 달러라고 가정해 보겠다. 5,000달러의 10%는 500달러이므로 매달 부채 계좌에 500달러를 넣는다. 이제 매달 부채 상환 가속 장치는 500달러다.

그다음에는 스프레드시트나 행과 열로 구성된 격자를 만들어 모든 부채의 목록을 작성한다.

첫 번째 열에는 자동차 할부금, 학자금 대출, 모기지, 신용카드, 의료비 등 가지고 있는 부채의 유형을 적는다.

두 번째 열에는 부채별로 남아있는 미상환 잔액을 적는다. 예를 들어 잔액은 2,000달러에서 16만 달러 사이이다.

세 번째 열에는 부채별로 매달 갚아야 할 최소 금액을 적는다.

네 번째 열에는 해당 부채를 모두 상환하기 위해 앞으로 납입해야 하는 횟수를 적는다. 미상환 잔액을 최소 납입 금액으로 나누면 되며 이 책에서 든 설명에서는 25회에서 107회가 남았다. 예를 들어 자동차 할부금은 2만 1,000달러이며 최소 납입액은 500달러씩 갚으면 42회 남았다. 대차대조표에 남아있는 전체 미상환 잔액은 25만 달러이며 남아있는 납입 횟수는 총 344회다.

이제 각 부채에 우선순위를 매기고 이를 다섯 번째 열에 적는다. 모멘텀을 만드는 것이 중요하므로 얼마나 빠르게 빚을 다 갚을 수 있는지에 따라 각 부채에 우선순위를 부여한다. 갚아야 할 횟수가 가장 적은 부채를 최우선순위로 삼아야 한다. 앞에서 든 예에서는 다 갚을 때까지 25회만 남아있는 자동차 할부금의 우선순위가 1번이다. 그다음이 신용카드로, 40회 남아있다.

여섯 번째 열은 가속 납부액으로, 부채가 사라질 때마다 금액이 커진다.

마지막 열에는 가속 체계를 실행했을 때 새로운 납입 횟수를 반영한다.

위의 부채 상환액 증가의 사례에서 부채 상환 가속 장치는 500달러에서 출발한다. 이 500달러 전체를 최우선순위에 해당하는 부채의 월 납입액에 적용한다(이 경우에는 자동차 할부). 가속 납부액 500달러와 자동차 월 할부금 400달러를 더하면 월 총 납입액은 900달러다. 이와 동시에 70% 청구서/운영 계좌에서 다른 부채 전체의 최소 납입액을 계속 상환해 나간다.

부채 제거 가속 장치가 작동한 덕분에 최우선순위인 자동차 할부로 월 900달러를 갚고 있어서 자동차 할부를 전부 갚는 데 25개월이 아닌 11개월만 소요된다.

우선순위 1번인 자동차 할부를 모두 상환하고 나면 두 번째 우선순위로 옮겨간다(이 사례에서는 신용카드). 신용카드의 최소 월 납입액은 50달러다. 이제 자동차 할부를 갚는 데 사용한 900달러를 가져와 신용카드 상환에 적용한다. 월 50달러를 갚는 대신 월 950달러를 갚을 수 있다. 이는 신용카드 사용액을 모두 갚는 데 40개월이 아닌 2개월만 걸린다는 의미다.

이번에는 부채에서 우선순위 3번인 세컨드 카의 할부금으로 넘어간다. 매달 500달러가 아닌 1,450달러를 갚을 수 있다(더 이상 첫 번째 신용카드와 첫 번째 자동차 할부금 상환에 쓸 필요가 없는 950달러와 일반적으로 납입/상환에 사용하는 400달러의 합). 이제 속도가 붙기 시작하며 모멘텀이 쌓인다. 이를 가속 납부액이라고 부르는 이유가 여기에 있다.

네 번째 우선순위는 2번 신용카드이며 월 납부액은 1,600달러로 상승한다. 2번 신용카드 대금을 모두 상환하는 데 4개월밖에 안 걸린다. 마지막 우선순위인 모기지를 해결할 때 가속 납부액은 월 3,400달러에 도달했으며 모기지를 갚기까지 남은 횟수도 107회에서 47회로 단축된다.

이 사례에서 모기지를 포함한 모든 부채가 7년 이내에 상환된다!

속도와 단순함의 규칙

가상의 예를 들었지만, 부채 상환액 증가 또는 상환 가속 체계가 어떻게 작동하는지를 잘 보여준다. 이 예에서는 정확한 수치에 영향을 미치는 이자와 부채의 상각을 고려하지 않았다. 하지만 단순하며 명쾌한 작업이다. 부채에 복리 이자를 지불하는 피해를 받는 대신 부채 상환을 위한 자금을 늘렸다. 우리가 함께 일했던 고객들은 부채 상환액 증가 체계를 적용하여 총 수백만 달러의 부채를 갚았다.

어떤 사람들은 고금리 부채를 먼저 갚는 것이 중요하다고 생각하지만, 꼭 그렇지만은 않다. 상환 속도가 느리기도 하지만 복잡함이 가중되기도 한다. 모든 경우에 속도와 단순함이 모멘텀을 만든다는 점에서 우선순위가 가장 높다.

진정한 자산가가 되는 비결에서 부채 상환액 증가 체계가 효과적이고도 특별한 이유는 보이지 않는 심리적인 요인에 있다. 다시 말하지만, 인간의 본성을 고려하지 않은 개인 자산 관리, 자산 구축, 투자는 800파운드짜리 고릴라와 싸우는 행위나 다름없다. 우리는 정보를 '알기' 때문에 현명하다고 생각하지만 탁월한 전략을 세우지 않으면 백전백패다.

멈출 수 없는 모멘텀

앞에서의 예를 다시 살펴보면 불과 90일 후 모멘텀이 형성되기 시작한다. 첫 번째 부채를 상환하고 나면 다른 진정한 자산가가 되는 비결의 원칙이 가동되기 시작한다. 나눔, 청지기, 작은 일에 신의를 다하고 자신을 위해 먼저 투자하며 70%로 생활비를 사용하는 등의 영적 원칙을 지키고 있기 때문에 삶에서 다른 돌파구와 호의를 경험하기 시작하며 소득이 증가하는 등의 일이 일어난다.

이 시점에서 많은 사람은 더 공격적으로 되고 더 많은 돈을 부채를 상환하는 데 사용한다. 이제 삶 전체가 변화하기 시작한다. 재정 문제로 이제는 골머리를 앓지 않으며 근근이 살아가지도, 항상 쪼들린다고 생각하지도 않는다. 재정적으로나 심리적으로 굉장한 모멘텀을 맞이한 것이다!

이제 자산 구축자가 된 독자들은 감정과 편견이 자유를 향한 행진을 방해할 틈이 생기지 않도록 부채를 모두 상환한 후에는 모든 소득에 ND1을 체계적으로 계속 적용해나갈 것이다. 이전과 달라진 점이 한 가지 있다면 부채를 상환하고 나면 매달 20% 이상을 자산 계좌에 넣게 된다는 것이다. 출발선으로 삼기에 적당한 비율이다.

전쟁에 지는 중에도 전투에서 승리하기

자산 구축에서 핵심은 현금흐름을 창출하도록 대차대조표를 재구성하는 데 있음을 명심해야 한다. 부채에서 벗어나는 것은 시작점이자 목표 지점에 도달하기 위한 수단일 뿐이다. 다시 말해 부채 탈출 자체가 목표는 아니다. 부채를 모두 갚고 나서 또다시 빚을 내는 무리에 들어가서는 안 된다!

위의 문단을 여러 번 읽고 마음에 새기기를 바란다. 부채를 모두 상환했다는 데 흥분하지만 정작 자신이 어떤 전쟁을 벌이고 있는지 이해하지 못하고 있는 사람들이 너무나 많다. 전략의 큰 그림을 놓치면 다시 빚을 지는 상태로 돌아가고 만다. 돈의 진정한 쓰임새와 돈을 말 그대로 자신의 종으로 만드는 방법을 제대로 이해하지 못했기 때문이다. 자유를 얻기 위해서는 노예 상태를 중단할 뿐만 아니라 주인이 되는 방법도 배워야만 한다.

부채 상환 이후의 옵션

자산 구축자가 되기 위해 진정한 자산가가 되는 비결을 따르고 있다면 이제 두 가지 옵션 중에서 선택할 수 있다.

최소 옵션: 새로 부채를 일으키는 것을 완전히 단념하고 생활비에 70%를, 20%를 자산 계좌에 계속 넣는다.

공격적인 옵션: 새로 부채를 일으키는 것을 완전히 단념하고 새로 조정된 '가속 납부액' 전액을 자산 계좌에 추가한다. 복리가 크게 붙고 자산 기반이 더 빠른 속도로 확대되며 생활비의 비중이 소득에서 70%를 크게 밑돈다.

2번 전략에서 부채를 상환하기 위해 떼어 두는 돈은 아직 넣지 않았다. 매달 가속 납부액에 원래의 최소 월 납부액을 더한 금액(이 책의 예에서는 월 3,400달러로 증가)이 자산 계좌용인 10%에 추가되어 자산 계좌로 들어가게 된다(매달 자산 계좌에 분배되는 비율이 20%를 크게 넘게 된다).

어떤 경우든 정말 흥미진진한 일이 펼쳐진다! 자산 계좌에 복리가 붙기 시작하고 투자가 성장하며 돈을 위해 일하는 대신 돈이 나를 위해 일하게 만든다는 처음의 목표가 현실이 된다. 가속 납부액을 자산 계좌로 넣어 현금흐름 자산이 불어나게 함으로써 불로 소득이 증가하기 시작한다. 이 주제는 자산 부분에서 자세히 다룰 것이다.

정신적인 정크 푸드 섭취를 끊기

진정한 자산가가 되는 비결의 부채 기둥을 진지하게 검토하고 있다면 자신이 주변 환경에 끊임없이 영향을 받는 존재임을 받아들여야만 한다. 이는 우리 모두에게 해당하는 말이며 그 누구도 주변의 영향에서 벗어날 수 없다. 자신을 현명하고 독립적으로 사고하는 사람이라고 여길지라도 여전히 외부 영향에 흔들리는 존재일 뿐이다. 그래서 경계의 끈을 늦추지 말고 사회적 조건을 빈틈없이 살피며 주도적으로 책임을 지고 신이 주신 자유 의지를 사용해 우리의 생각, 감정, 삶을 통제하는 법을 배워야만 한다.

일반적으로 주로 영향을 미치는 요인은 텔레비전과 미디어다. TV 앞에 처음 앉은 순간부터 우리는 소비자가 되도록 프로그래밍된다. 언젠가 아내와 나는 가정에서 케이블 텔레비전 시청을 중단하기로 했다. 집에는 항상 TV가 있었고 가족들과 함께 영화를 시청하는 데 주로 사용했다.

몇 년 전 스타트업에 참여할 일이 있었다. 처음에는 일의 진척이 더뎠다. 긴 하루를 보낸 뒤 뉴스를 시청하고 있었는데 긴장이 '풀어진' 상태였다. 화면 앞에 앉았고 30분 정도 시청했다고 생각했다. 그런데 나는 세 시간 후에도 그 자리에 앉아 있었고 무슨 일이 벌어진 것인지 궁금하게 여겼다. 무려 세 시간 동안 카메라 앞에서 대본을 읽는 사람이 여럿이었을 뿐이지 지껄이는 내용은 본질적으로 같은 프로그램을 보고 있었다! 완전히 빨려 들어간 상태였고 순식간에 습관으로 자리 잡았다.

우리 가족은 스포츠 광팬은 아니지만, 어느 해에 슈퍼볼을 시청하기로 했다. 여러 해 동안 시청하지 않았던 경기였다. 아이들이 어릴 때였는데 경기를 보려고 자리를 잡은 때는 하프타임 쇼가 시작될 무렵이었다. 자넷 잭슨(Janet Jackson)의 그 유명한 '의상 사고'가 일어난 공연이었다. 네 명의 어린 자녀들과 함께 시청하고 있었는데 마침 사건이 터졌다! 아내는 당황한 기색을 보이더니 일어나 케이블 회사에 곧장 전화를 걸었고 서비스를 취소했다. 그걸로 끝이었다. 우리 가족에게 더는 케이블은 없었고 지금도 케이블을 그리워하지 않는다.

그 일이 일어날 즈음 우리는 새로운 사업을 시작했다. 인터넷 기반의 출판 및 교육 기업이었는데 틈새시장을 장악하면서 수백만 달러 규모로 성장했다. 지금도 기업이 탄탄하며 오늘날 사람들의 생활에 영향을 미치고 있다. 우리 가족이 케이블 TV 서비스를 해지하지 않았다면 사업은 절대 성공하지 못했으리라 확신한다. TV를 해지하면서 귀중한 시간, 뇌세포, 에너지를 사업으로 돌렸다. 그렇지 않았다면 나는 지금도 정신적인 하수구에서 허우적거리고 있었을 것이다.

여전히 내 말이 회의적으로 들린다면 몇 년 전 수행된 연구에서 TV(와 더불어 모든 유형의 수동적 영상 미디어) 시청이 뇌의 상태를 변화시키고 IQ를 낮추는 것으로 드러났다. 연구의 최종 결론은 열려 있었다. 연구팀은 TV가 사람들을 바보로 만드는지(인과관계) 아니면 바보들이 TV를 많이 시청하는 것인지(상관관계) 확신하지 못했다. 어떤 편이든 자산 구축자가 되고 싶다면 시간과 정신을 갉아먹는 미디어에 적극적인 조처를 해야 한다!

지금 당장 TV와 중독적인 미디어 습관을 끊는 결정을 내려야 한다. 어떤 사람들은 날마나 소중한 시간과 에너지를 소셜 미디어에 통 크게 사용한다. 습관을 바꾸는 일이 불가능하지는 않더라도 어렵다. 우리의 정신이 언제나 편안함을 향해 인도하기 때문이다. 나쁜 습관을 없애는 가장 쉬운 방법은 좋은 습관을 대신 들이는 것이다. 필자가 그랬듯 새로운 기술을 배우는 데 시간을 재투자하는 방법을 추천한다. 다시는 과거를 돌아보지 않을 것이며 전혀 다른 인생을 살게 된다!

인식 마케팅 vs 사업 모델 현실

일반적으로 사람은 하루 7시간 동안 미디어(TV, 라디오, 인터넷, 소셜 미디어, 신문, 잡지 등)를 이용하며 하루에 만 건 정도의 광고 메시지에 노출된다. 그러한 메시지 가운데 자산 구축자가 되도록 교육하고 준비시키는 메시지가 얼마나 되는가? 안타깝게도 대다수의 메시지는 사람들을 소비자와 부채의 노예, 기껏해야 비참한 부자 놈이 되게 만들 뿐이다. 마케팅 분야의 전문가인 필자가 마법사의 커튼을 걷어서 무대 뒤에서 어떤 일이 벌어지고 있는지 살짝 보여주고자 한다.

마케팅 담당자의 일이란 판매하고 제안을 하고 문제에 대한 해결책을 제시하는 것이다. 문제가 없거나 알려지지 않으면 마케팅 담당자는 자신이 제안해야 하는 해결책을 광고 대상자가 원하거나 필요로 하는 마음이 들도록 만든다. 마케팅 담당자는 판매를 위해서라면 물불을 가리지 않으며 전통 매체, 광고, 소셜 미디어나 다이렉트 마케팅 캠페인을 동원할 것이다.

'뉴스'는 이제 진실이나 사실을 취급하지 않는다. 점차 의견에 기반을 둔 엔터테인먼트이자 광고 수단이 되고 있다. 이는 날마다 24시간 내내 뉴스를 보도하는 매체의 사업 모델이다. 궁극적인 목적은 콘텐츠를 만들고 클릭과 참여를 유도해 광고를 게재할 공간을 판매하는 것이다. 부정적인 소식과 드라마가 특히 효과적이며 시청자의 시선을 붙잡아둔다(높은 시청률). 세상이 인포머셜(infomercial, 광고처럼 보이지 않도록 어떤 주제에 대해 길게 정보를 제공하는 방식의 텔레비전 광고 ─ 역자 주)의 무대로서 우리가 보고 듣고 읽는 모든 것이 곧 판매하기 위한 목적으로 제공되었음을 잊지 말아야 한다. 시청자나 소비자에게 정보를 제공하고 교육하겠다는 선량한 관리자의 의무는 찾아볼 수 없다. 콘텐츠, 마케팅, 판매의 비즈니스 모델만 있을 뿐이다.

보이는 것과 현실, 기업의 평판을 보호할 필요성과 소비자에게 진정으로 유익한 것 사이의 격차나 차이는 조직이 클수록 더 벌어진다. 주주의 요구에 응해야 하고 주요 매체가 소속되어 있는 이사회가 운영하는 상장 대기업의 경우 더욱더 심하다. 거대 정부와 관료제에도 적용되는 문제다. 이익(이나 자기보호)과 투명성 간 이해

상충이 존재하며 조직의 규모가 커질수록 충돌이 더 커진다.

규모가 작고 즉흥적인 '대안' 매체조차 궁극적으로는 비즈니스 모델이 같다. 365일, 24시간 내내 콘텐츠를 '만들어야' 하고 수익 창출이 일어나야만 한다. 드라마, 부정적인 소식, 두려움을 판매한다. 진실은 기껏해야 주관적인 방식으로 한 개인이나 '인플루언서(influencer)'의 관점에서 제시된다. 시장이 메시지를 이끈다. 의견이 강렬하고 엇갈릴수록 팔로워들은 더 열정적이고 감정적으로 되며 (참여) 판매가 증가한다. 판매가 일어나지 않으면 수익도 없는 법이다. 따라서 갈수록 극단으로 치닫는 자기실현적인 피드백 루프(feedback loop)다.

자산 구축자는 자신이 소비하는 매체를 정기적으로 상세히 조사해야만 한다. 내게 영향을 미치는 사람은 누구이며 무슨 이유로 어떤 영향을 미치는가? 스스로 솔직하게 물어보라. 인생에서 이 프로그램으로 어떤 '열매'를 맺을 수 있는가? 다시 말하지만 99%는 스트레스, 걱정, 부채, 가난, 소비를 핑계를 대며 미디어 소비를 억제하지 않으면 결국은 불행하고 비참한 부자 놈이 되고 말 것이다!

생산은 영혼을 살찌우지만, 소비지상주의는 영혼을 굶주리게 만든다. 생산은 진정한 부를 창출할 뿐만 아니라 괜찮은 삶을 사는 데 핵심 요소다. 지나친 소비는 자산을 갉아먹고 행복과 성취를 비뚤어지게 만들고 왜곡시킨다. 인생에서 더 좋은 것을 누리고 잊지 못할 경험을 원하는 것은 당연한 일이다. 하지만 행복감을 느끼기 위해 소비하는 사이클이 형성되면 사이클이 더 강력해져 갈수록 커지는 블랙홀이 생겨나며 그 블랙홀을 절대 채울 수 없다.

진정한 자산가가 되는 비결을 적용하여 인생에 미치는 영향을 인식하고 부채 상환액 증가 체계를 적용하며 자산 계좌를 불리기 시작하면 직접 '은행으로 기능하는' 토대를 마련하게 된다. 이제는 대출을 받기 위해 애걸할 필요도, 금리나 경기 순환의 변동에 영향을 받을 필요가 없다. 벤처와 투자에 직접 자금을 댈 수 있는 수단을 갖게 된다. 또한, 자신과 가족을 위한 유산을 형성할 것이다.

부채를 현금흐름을 창출하는 자산으로 바꾸는 방법

여러 번 언급했듯 우리는 감정으로 인해 동기가 부여된다. 인간의 본성이 그렇다. 새 차를 사들일 때와 같이 돈에 대해 감정과 비이성적 결정을 내리곤 한다. 새 차를 마련한 데서 오는 흥분은 90일 정도 지속될 뿐이다. 하지만 각 자산 계좌에 매달 400달러를 더 입금할 때 경험하게 되는 흥분, 설렘, 성취감, 기쁨은 인생 전반에 지속될 것이다. 그러한 감정은 사라지지 않으며 유산을 만들어 간다.

이러한 주장을 뒷받침하는 일화를 소개하겠다.

예전에 직원이 하나 있었는데 편의상 스티븐(Stephen)이라고 부르겠다. 이 직원에게는 낡은 트럭이 있었는데 싫증이 나서 바꾸기를 원하는 상태였다. 어느 날 스티븐이 새 트럭을 사야 할지를 내게 물었다. 우리는 마주 앉아 트럭에 관해 대화를 나눴다.

그에게 트럭이 제대로 움직이는지, 관리가 잘 되었는지 물었다.

"그럼요, 상태는 좋습니다." 그가 답했다.

"좋습니다. 그러면 인생에서 무엇이 더 중요할까요? 자산을 불리는 것인가요 아니면 새 트럭을 모는 것인가요?" 내가 묻자 그가 답했다. "자산을 불리는 것이죠."

스티븐에게 트럭은 매달 유지하는 데 비용이 들기 때문에 부채 (엄밀히 말하자면 가치가 하락하는 자산)라고 설명하고 기존의 트럭을 현금창출 자산으로 전환하는 방법을 알아보자고 제안했다.

트럭을 새로 사면 얼마를 내야 할지도 이야기를 나눴는데 월 400달러 정도였다. 나는 동시에 두 가지 일을 할 것을 제안했다. 하나는 은행 입장이 되는 것이고 또 하나는 트럭을 모는 운전자의 입장이 되는 것이다.

새 차를 사서 빚을 지고 마이너스 현금흐름을 만드는 대신 신차 구매를 위해 대출을 받게 되면 내야 하는 월 400달러를 자기 자신에게 주는 것이다. 수표를 은행 계좌에 넣고 90일이 지난 후 다시 나를 찾아와서 아직도 새 차를 사고 싶은지 말해달라고 요청했다. 말할 필요도 없겠지만 스티븐은 새 차를 고집하지 않았다. 그 경험은 스티븐의 인생길을 바꾸었다.

당시 스티븐의 연봉은 그리 높은 편이 아니었지만, 그는 은행과 같이 사고하는 진정한 자산가가 되는 비결을 터득했다. 부채를 전환하고 만족감 느끼기를 뒤로 미루며 목표에 대해 시간을 들여 생각하기를 배웠다. 스티븐은 영원히 지속할 수 있는 경제적 독립을 향해 가는 길에 접어들었다는 생각에 한껏 고무되었다. 이제 그는 한 걸음 물러나 새로 살 때의 비용과 편익을 따져보는 체계와 향후 거래에 적용할 수 있는 방법을 갖췄다. 새 차를 구입하고, 몇 달 지나지 않아 꺼질 일시적인 흥분을 맛보기 위해 감정적인 결정을 내리는 대신 완전히 새롭고 강력한 방식으로 감정적인 충만함을 느낄 수 있는 전략적 결정을 내렸다.

4장 　　소득

근로 소득을 높이는
3가지 법칙

씨앗 법칙

이제 모든 자산 법칙에서 가장 오래됐으면서도 강력한 법칙을 소개하고자 한다. 내 경우에는 이 간단한 진실을 깨닫는 데 여러 해가 걸렸다. 이 개념을 배우되 그 개념이 단순하다고 해서 무시하지 않고 진정으로 따른다면 앞으로 돈과 당신의 관계가 영원히 변할 것이다. 다시는 이전처럼 돈을 대하지 않을 것이다.

소개할 법칙은 다음과 같으며 외우길 바란다.

돈은 씨앗이다. 먹거나 심을 수 있다. 씨앗을 먹는다면 영원히 사라져버리고 만다. 씨앗을 심으면 과일이 가득한 과수원이 생기는 것을 볼 수 있다.

안타깝게도 사람 대다수는 모든 씨앗, 즉 자신이 번 모든 돈을 먹어버린다. 이 장에서는 매달 우리가 키우는 씨앗의 양을 최대화 하면서도 소비는 최소한으로 줄이는 방법을 살펴볼 것이다. 또한, 소비하는 것 이상으로 생산하기 시작하는 방법도 배울 것이다.

손에 1달러를 쥐고 있는데 써버린다면 씨앗을 먹은 것과 같다. 달러로 표현되는 씨앗은 사라져버린다. 죽어서 천국에 간 것이다. 그런데 씨앗을 심으면, 즉 달러를 투자하면 나무로 자라나 더 많은 돈으로 늘어날 가능성이 있다. 잘 보살펴주면 열매를 맺을 수 있으며 그 열매에는 심을 수 있는 씨앗이 더 많이 들어 있다. 세월이 지나면 모든 씨앗이 거대한 과수원을 이룰 것이다.

진정한 자산가가 되는 비결에서 핵심은 씨앗을 이해하는 것이다. 거닐면서 열매를 따고 열매를 먹고 즐길 수 있으면서도 나무에 여전히 많은 열매가 남아있을 정도로 풍성한 열매를 맺는 과수원을 조성하는 것이다. 모든 청구서를 납부하고 삶의 축복을 누리되 씨앗을 전부 먹어서는 안 된다. 과일을 일부 따먹는 것은 괜찮지만 전부 먹어서는 안 된다. 각 씨앗이 과수원 전체를 이룰 가능성을 지니고 있기 때문이다. 나중에 자세히 다룰 '현대 포트폴리오 이론 (modern portfolio theory)' 은퇴 설계와는 정반대된다.

절대 원금을 건들지 말 것

패밀리 오피스(family office, 초고액자산가들의 자산 배분, 상속 · 증여,

세금 문제 등을 전담해 처리해주는 업체 - 역자 주)를 통해 가문의 자산을 관리하는 자산가들은 '절대 원금을 건들지 않는다'라는 격언을 따른다. 이자의 일부를 떼어 생활비로 쓰거나 생활양식을 유지할 수 있지만, 재산에서 원금만큼은 쓰지 말라는 의미다. 그렇게 하면 재산의 가치가 계속 증가하여 후손들을 이롭게 할 수 있다.

파종을 일찍 할수록 세대를 이어갈 과수원을 일찍 마련할 수 있다. 경제적 독립을 이루면서도 더 큰 행복과 성취감을 누릴 수 있으며, 더 적은 것을 가지고도 큰 행복을 누리는 방법에 대해서는 차차 설명할 것이다.

분명히 말하지만, 시간과 인내는 소중한 자원이다. 처음 10년 동안은 복리가 큰 빛을 발하지 못하지만, 그 이후에는 모멘텀이 생겨난다. 20년이 흐르면 거의 모든 복리 도표가 수직 상승세를 보이는 것을 확인할 수 있다. '하키 채' 모양의 도표와 그래프가 나타나며 과수원은 바야흐로 만개한다!

소득과 자산 비교

우리가 일해서 번 근로 소득을 최적화하는 방법에 대해 알아보겠다. 이 장에서 조언하는 내용을 실천한다면 최소한 소득을 두 배 늘릴 수 있다. 사람, 산업, 비즈니스 모델에 따라 열 배 이상 늘리는 것도 가능하다. 비현실적으로 들릴 수 있지만, 고객이 그런 경험을 하는 사례를 숱하게 봐왔다.

소득에는 근로 소득과 불로 소득이라는 두 종류가 있다.

자산가들은 근로 소득을 최소화하고 불로 소득을 최대화한다. 중산층과 빈곤층은 그 반대다. 인생 전체를 돈을 위해 일하는 데 쓰며 돈이 자신을 위해 일하도록 만들지 않는다.

지금까지 반복적으로 강조한 말이 있다. 자산을 늘리는 가장 첫 번째 비결은 돈을 위해 일하지 말고 돈이 나를 위해 일하도록 만들라는 것이다. 진정한 자산가가 되는 비결에서 가장 중요한 개념이다. 우리가 버는 돈은 근로 소득이며 우리를 위해 일하는 돈은 불로 소득이다. 진정한 자산가가 되는 비결은 우리의 관심과 모멘텀을 자산 계좌에서 불로 소득이 차지하는 비중으로 옮겨 우리가 돈이 아닌 기여, 성취, 기쁨, 유산을 위해 '일하도록' 해방한다. 하지만 소득이 있다는 것이 곧 자산을 갖는 것은 아니다. 멋진 차를 몰고 큰 집에 사는 사람들은 언론에서 다루는 것과 반대로 최고 자산가가 아닌 경우가 많다. 베스트셀러인 『백만장자 불변의 법칙』에서 지적했듯 부자처럼 보이는 사람은 일반적으로 부자가 아니다.

사람들이 자신의 성과를 뽐내면서 수억 또는 수십억 연봉을 운운하는 것을 흔히 듣게 된다. 이들이 언급하는 것은 총소득이지 순소득이 아니다. 대차대조표에 자산과 부채가 어떻게 나타나는지 말하지 않으며 어떻게 나타나는지 모르는 일도 있다. 또한, 유동성이 있는 순자산(net worth)이나 '총자산 이익률'에 대해서는 말하지 않는다. 이는 고액 연봉에 쉽게 압도되는 사람과 진정한 자산이 무엇인지 알고 이해하는 사람 사이의 결정적인 차이다.

소득을 다룰 때는 부채와 마찬가지로 사고방식에서 시작해야 한다. 우선 우리는 행동과 습관을 변화시키기 위해 사고를 바르게 해야 한다. 진정한 자산은 돈과 생활양식을 화려하게 뽐내는 것이 아니다. 진정한 자산가가 되는 비결에서는 부를 경제적 독립으로 정의한다. 다시 말해 자산이 개인적으로 노력할 때보다 더 많은 소득을 창출하는 것이다. 이 목표에 도달하면 기본적으로 경제적 독립을 이룬 것이며 이제 자신의 열정, 삶의 목표, 가장 중요하게 여기는 관계에 시간을 투자할 수 있다.

가장 중요한 자산

대차대조표는 순자산이 플러스인지 아니면 마이너스인지, 자산이 부채보다 많은지 적은지를 보여준다. 전문적인 회계가 아닌 단순한 말로 표현하자면 대차대조표는 내가 가진 모든 것에서 빚지고 있는 모든 것을 뺀 결과다. 내가 소유한 가치가 빚보다 더 크면 순자산이 플러스이며 그 반대의 경우에는 마이너스다. 비즈니스에서는 순자산을 자본이라고 부른다.

고객과 일할 때 소득을 창출하고 있는 자산 전체의 목록을 작성하라고 요구한다. 여기에는 주식, 채권, 임대 부동산, 시간제 일자리 등이 모두 포함된다. 이 목록에 아무도 포함하지 않는 한 가지가 있다면 자기 이름이다. 하지만 이름이야말로 목록에 가장 먼저 적어야 할 항목이다!

이는 회계의 주된 문제를 핵심적으로 짚은 것이다. 회계에서는 모든 사람이 대차대조표에서 0으로 출발한다는 사실을 인식하지 않는다.

우리는 모두 정확히 같은 위치에서 삶을 시작한다. 이때 대차대조표에서 유일한 항목은 이름이다. 어떤 정신과 사고 패턴을 가진 사람인지, 세상을 어떻게 바라보는지, 문제를 해결하는 능력이 어떤지, 시장에서 가치를 생산하는 능력이 있는지, 사람들과 관계 맺고 교제하는 능력이 어떤지에 대한 것이다. 우리는 모두 마지막도 같이 마무리한다. 언젠가 모두 이 세상을 떠나며 모든 사람이 세상을 떠날 때 빈손으로 간다. 사람들은 저마다 다른 기술, 능력, 재능, 변화 가능성을 지니고 있다. 모두가 발전할 수 있으며 새로운 기술을 익히고 지식을 증진하며 어울릴 상대를 선택할 수 있다(교제의 힘은 우리가 생각하고 세상을 바라보는 데 중요한 요소다).

회계는 이러한 중요한 요소를 전혀 고려하지 않는다. 누구도 회계사와 마주 앉아 대차대조표에서 가장 소중한 자산인 자기 자신의 가치를 높일 방법을 논의하지 않는다. 회계사는 고객의 이름을 대차대조표에 올리지 않는다(회계사 대다수와 재무 자문인은 지적재산권이나 무형 자산에 대한 이해나 경험이 매우 부족하다).

세 가지 유형의 경제

근로 소득은 돈을 벌기 위해 하는 일에서 발생한다. 불로 소득은 돈이 나를 위해 일할 때 발생한다. 일반적으로 불로 소득에 내는 세금은 근로 소득보다 적다.

경제에는 시간으로 돈을 버는 경제, 결과로 돈을 버는 경제, 돈으로 돈을 버는 경제가 있다.

우리는 돈을 버는 시간 경제에 대해 잘 알고 있다. 돈을 시간과 맞바꾸는 경제다. 일반적으로 일하는 시간에 따라 임금이나 연봉을 벌어들이며 미국 시민은 세금 환급을 위해 W2나 1099로 신고한다. 대체로 이 소득은 산술급수로 증가한다. 한 시간에 10달러를 번다면 10시간을 일하는 경우 소득은 100달러다. 한 시간에 1,000달러를 버는 사람이라도 일을 하지 않으면 소득이 제로다. 시간으로 돈을 버는 경제에서는 기술을 연마하고 시장에서의 가치를 높이며 소득이 증가하더라도 여전히 일터에서 일하는 시간만 산술급수적으로 소득이 늘어난다.

시간으로 돈을 버는 경제에서 주된 문제는 우리 모두에게 시간이 하루 24시간으로 한정되어 있다는 것이다. 근로에 사용할 수 있는 시간은 정해져 있다. 물론 능력을 키우고 시장에서 가치를 높여 소득을 늘릴 수 있는 여지는 충분하다. 시간으로 돈을 버는 경제에는 고소득자들이 많다.

결과로 돈을 버는 경제에서는 시간이 아닌 만들어 낸 결과에 따라 돈을 받는다(출근해서 종일 일하더라도 판매를 하지 못하면 돈을 벌지 못한다). 팁, 수수료나 보너스로 수입을 올리는 경우가 많지만, 항상 W2, 1099, 스케줄 C(Schedule C, 개인 자영업자의 세금 보고 양식

– 역자 주)를 통해 보고하는 것은 아니다. 결과로 돈을 버는 경제에는 영향력 확대 가능성이 포함된다. 더 거대하고 가치 있는 결과를 내는 방법을 터득하면 소득이 증가한다. 영업 외에도 창의적인 역할, 생산 개발, 마케팅, 광고, 경영, 네트워킹, 거래 조합, 주식 단기 트레이딩, 부동산 플리핑(flipping, 낮은 가격에 집을 사서 리모델링한 뒤 되파는 방식 – 역자 주), 대다수 중소기업이나 스타트업 등이 결과로 돈을 버는 경제에 해당한다.

근로 소득으로 종잣돈 마련

중요한 점은 시간으로 돈을 버는 경제든 결과로 돈을 버는 경제든 불로 소득을 얻기 위한 초기 종잣돈을 만드는 것은 근로 소득이라는 사실이다. 일반적으로 사람들은 결과로 돈을 버는 경제에서 기술을 단기간에 개발하기를 원한다(시간으로 돈을 버는 경제에서 최대한 빠르게 결과로 돈을 버는 경제로 이동한다). 결과로 돈을 버는 경제는(반드시는 아니라도) 많은 경우 불로 소득을 얻을 수 있는 빠른 길로서 경제적 독립과 진정한 자산가가 되는 비결의 목표를 이룰 수 있다.

시간으로 돈을 버는 경제와 결과로 돈을 버는 경제에서는 모두 근로 소득을 얻는다. 돈으로 돈을 버는 경제에서는 불로 소득을 얻는다. 이 경제에서는 자산이 현금흐름 소득을 창출하며 우리를 위해 자본을 불려준다. (미국 시민의 경우) 1040 환급에서 스케줄 B, D,

E로 보고하는 소득은 일반적으로 '불로 소득'이다.

> **참고**
> 공식 회계 용어나 세금 신고를 위한 조언으로 '불로 소득'이라는 용어를 쓰
> 거나 신고 사례를 소개하는 것이 아니다. 그저 간단하게 설명하고 진정으
> 로 자산가가 되는 비결의 핵심 정의와 일관성을 유지하며 여러 종류의 소
> 득과 그 소득이 세금 환급에 신고되고 반영되는 방식에 독자가 친숙해질
> 수 있도록 예를 든 것이다. 나라나 상황마다 달라질 수 있지만 근로 소득과
> 불로 소득의 일반적인 개념은 다른 용어(수동 소득, 포트폴리오 소득 등)를
> 사용하더라도 적용할 수 있다.

기억해야 할 법칙 1

더 많은 소득을 얻고 싶다면 더 많이 벌기 위해 능력을 향상할
방법을 찾아야 한다. 시장에서 자신의 몸값을 올리면 가능하다.

기억해야 할 법칙1 : 시장은 가치가 있는 곳에 돈을 지불한다.

고용 측이 직원을 고용하는 이유는 문제를 해결하거나 필요를
채우기 위해서다. 끝. 그 어떤 기업도 단순히 직원을 원하기 때문
에 고용하지는 않는다. 대기업의 대차대조표에서 직원은 부채로
인식된다. 직원을 육성하고 제대로 대접한다면 자산으로 간주하여
야 하지만 많은 기업이 그렇게 바라보지 않는다.

대표적인 예가 경기가 하강하거나 기업이 재정적인 문제에 직
면했을 때다. 그러한 환경에 처하면 기업이 제일 먼저 실시하는 일
이 정리해고다. 급여 대상자 명단은 비용을 절감하는 가장 손쉬운

수단이다. 기업은 지출을 줄이고 현금흐름과 이윤을 늘리기 위해 직원들을 내보낸다. 상장사가 이러한 조처를 하면 주가가 오른다. 대차대조표에서 '부채'를 줄이는 일이기 때문이다. 그러므로 자기 자신을 가장 귀중한 자산으로 진지하게 여기고 자신에게 투자하는 것이 좋다. 피고용인이라면 자신의 가치를 입증할 수 있어야 기업의 '자산'에 머물 수 있다.

근로 소득을 증대하는 방법

시장은 가치가 있는 곳에 돈을 지불한다. 시장에서 가치를 높여 소득을 증대할 수 있는 네 가지 방법이 있다.

1. 지식
2. 기술
3. 인맥
4. 행동

특정 분야에서 전문 지식이 있고 그러한 지식을 생산적인 방식으로 사용해 시장의 문제를 해결할 수 있다면 높은 가치를 인정받고 더 많은 소득을 벌 수 있다. 하지만 나머지 다른 요소 없이 지식만으로는 충분하지 않다. 지식 자체는 네 가지 요소에서 가장 영향력이 약하다.

두 번째는 기술이다. 예를 들어 영업 분야에서 기술을 보유할 수 있도록 개발한다면 소득을 두 배, 세 배, 심지어 열 배 늘릴 수 있다. 교육을 받은 이후 많은 사람이 무엇을 더 배울 수 있는지 고려하지 못한다. 해결할 수 있는 새로운 문제나 체득할 수 있는 새로운 습관에 대해 생각하지 않는다. 계속해서 발전하고 배우고 성장하지 않는 것이다.

많은 경우 이는 권리를 주장하는 심리로 이어진다. 이 심리의 기저에는 우리가 당연한 뭔가를 가지고 있다는 생각이 자리하고 있다. 당연히 임금이 인상되어야 하고 20년 근속을 했으니 승진되어야 한다는 생각이다. 이는 피해자 행세로 이어지며 다른 사람이 나의 문제를 대신 해결해 주기를 기대한다. 진정한 자산가가 되는 비결은 피해자 행세를 지양하는 대신 책임을 지고 올바른 질문을 던지도록 한다. 나 자신이 직접 감당하지 않는 일을 누구도 대신해주지 않는다는 것을 기억하라!

우리는 산업 시대를 완전히 벗어나 기술, 혁신, 파괴, '창조적 파괴'의 시대로 옮겨가면서 새로운 기술을 익히도록 노력해야 한다. 남이 나의 문제를 해결해 주거나 보조금, 지원을 받기까지 기다릴 여유가 없다. 기존의 일자리가 돌아오기를 기다릴 시간도 없다. 세상은 계속 앞으로 나아간다. 5년 후 어떤 사람이 되고 싶은지에 대해 생각해야만 한다. 지금 알고 있는 바는 이미 시대에 뒤떨어진 지식이며 내가 가진 기술은 하루가 다르게 구식으로 취급될 것이다. 이때 큰 그림의 동향을 마음에 새기는 것이 도움이 된다. 동향을 멈출 수는 없다. 신경제에서는 적응력과 유연한 사고방식이 필요하다. 정신적으로 강인하고 회복력을 갖춰야 한다. 거대한 변화에는 큰 기회가 따르며 문제를 확인하고 해결하는 능력은 언제나 가장 가치 있는 기술로 인정받는다.

소득을 증가시키는 세 번째 방법은 인맥이다. 모든 사람이 전문 지식이나 특별한 기술을 가지고 있지 않지만, 누구나 훌륭한 인맥을 갖출 수 있다. 어떤 사람은 사람을 만나고 인맥을 쌓고 연락을 하고 딜을 중개하거나 소개하는 데 소질이 있다. 언제나 일의 접점에 있는 유형의 사람이다. 그런 사람이 시장에서 인정받는 가치는 관계와 새로운 사람을 만나고 다른 사람에게 연결하는 능력에서 비롯된다.

소득을 늘리는 네 번째 방법은 행동하는 것이다. 인생에서 첫걸음을 뗀 사람에게는 전문 지식, 연마한 기술이나 인맥이 없는 경우가 많다. 그렇다면 이러한 사람들은 '대대적인 행동'을 취하고 환상적인 서비스와 직업윤리를 통해 탁월함의 경지에 오르고 소득을 늘리는 일에 집중해야 한다.

행동을 보인다는 것은 게으름에 빠지지 않는다는 의미다. 많은 사람처럼 제시간이나 늦은 시간에 출근하는 대신 일찍 직장에 나가는 것이다. 더 많이 노력하고 110%의 에너지를 쏟으며 미소를 짓고 탁월함을 추구하는 정신으로 일하고 문제 해결에 집중한다. 승진, 더 돋보일 기회, 다른 부서나 기업의 스카우트는 자신을 알리고 전문 지식을 습득하며 새로운 기술을 배우고 접촉할 가능성을 가져다준다.

고용주의 관점에서 말하자면 자신이 모든 것을 알고 있다고 생각하지만, 무엇도 제대로 해내지 못하는 사람보다는 직업윤리가 투철하고 더 큰 노력을 기울이는 사람을 채용할 것이다. 대대적인 행동에는 사고방식 측면뿐 아니라 신체적 에너지의 수준도 중요하다. 자기 몸을 소중히 여기고 양질의 식사를 하며 운동을 하는 것이 중요하다.

안타깝게도 많은 청년이 졸업하면서 자신이 알고 있는 지식만으로 연봉을 받을 자격이 있다고 생각하는 것이다. 이들에게는 학교에서 배운 것보다 시장에서 더 유익하다고 여길 만한 직업윤리가 없는 경우가 많다. 사람들은 저마다 다른 분야에서 뛰어나다. 더 많은 돈을 벌고 싶다면 지식, 기술, 인맥, 행동을 통해 더 큰 문제를 해결하는 방법을 터득해야 한다.

기억해야 할 법칙 2

기억해야 할 법칙2 : 문제가 클수록 더 많은 돈을 받게 된다.

급여의 수준이 만족스럽지 않다면 더 큰 문제를 해결하는 데 집중해보라.

지금까지는 학교에 진학하고 교육을 받으면 좋은 일자리를 얻을 수 있다고 믿어왔다. 이러한 사고방식의 문제는 교육 과정에 시작일과 종료일이 있다고 가정한다는 것이다. 교육을 마치면 영원히 끝난다는 생각이다. 안타깝게도 이러한 사고로 인해 사람들은 직장에 들어가면 이제는 아무것도 배울 필요가 없다고 여긴다.

자산 구축자는 가장 가치 있는 교육 형태가 독학이라고 생각한다. 독학에는 대학에 가서 학위를 따는 기존의 절차가 포함될 수 있지만 그렇지 않을 수도 있다. 특히 배움을 사모하고 지속적인 교육 절차에 책임을 다할 것을 강조한다.

배우는 방법을 배우기는 우리가 얻을 수 있는 가장 소중한 자산 중 하나다. 신경제가 빠르게 움직이고 발전하고 있으며 여기에는 적응력과 유연성이라는 사고방식이 필요하다. 그러므로 스스로 물어야 한다. 앞으로 십 년 동안 소득을 늘리고자 한다면 당장 오늘부터 무엇을 배워야 하는가? 더 큰 문제를 해결하는 데 도움이 되는 새로운 지식은 무엇인가?

지금은 기술의 발전 덕분에 그 어느 때보다 독학하기가 훨씬 수월하다. 전문 지식과 기술을 얻기 위해 4~5년 학교에 다니면서 수억 원의 빚을 질 필요가 없다. 온라인에서 원하는 여러 강의를 들을 수 있으며 비용도 저렴하다.

독학하고 소득을 한 단계 증가시키는 또 다른 방법은 내가 원하는 기술을 지닌 사람을 위해 일하면서 배울 기회를 찾는 것이다. 멘토/도제 모델은 수백 년 동안 기술을 발전시키고 손재주를 익히는 기반으로 활용되었으나 기술 향상에 관련된 다른 많은 분야에도 적용할 수 있는 방법이다.

　일자리를 찾을 때 자산 구축자는 단순히 고액 연봉을 버는 것보다는 인맥을 쌓거나 전문 지식이나 기술을 얻을 기회를 주는 직업을 우선시한다. 이 경우 직업은 자신에 대한 투자가 되며 앞서 언급했듯 자기 자신은 대차대조표에서 가장 중요한 자산이다. 단순히 청구서를 납부하기 위해 일을 한다면 앞으로도 그 상황이 이어질 것이다. 거액의 연봉을 받지 않더라도 자수성가한 백만장자에게 5~6년 동안 배울 수 있다. 그러한 경험은 돈은 조금 더 주더라도 새로운 지식을 전혀 배울 수 없는 일자리에서 단기간 일하는 것보다 시간이 흐르면 훨씬 더 큰 보상을 준다.

　큰돈을 벌더라도 진정한 성취감과 개인적인 성장이라는 의미 있는 삶의 중요한 요소가 결여된 비참한 부자 놈에 그치고 말 가능성도 있다. 자기 자신이 가장 중요한 자산이라는 것과 교육에 투자하는 것은 매우 중요하다는 점을 항상 기억해야 한다. 주식을 보유하고 있을 때와 마찬가지로 자신의 가치가 상승하고 있는지 하락하고 있는지 날마다 자문해야 한다. 가장 큰 자산인 자신에게 투자할 때 얻을 수 있는 보상은 영원히 유지된다.

청구서를 납부하기 위해 일하지 마라

　배움을 사모하고 독학하는 습관을 들여야 하는 또 다른 이유는 매우 빠르게 변화하는 오늘날에 적응할 능력을 키우는 것이다. 몇 년 안에 전체 산업과 직업이 사라져버릴 것이다. 에너지, 금융, 건설, 운송, 통신, 정치, 엔터테인먼트 등 경제의 모든 부문에서 기술이 변화하고 있다. 혁신과 파괴의 속도가 갈수록 급격히 빨라지고 있다. 적응하는 것이야말로 진정한 자산가가 되는 사고방식에서 핵심이며 상황이 급변할 때 번성을 누리기 위한 기본 전략이다. 신경제에서 적응력은 높은 평가를 받는 자질이 되고 있다.

예를 들어 5년 전에 우리 회사에는 열한 명의 디자이너, 개발자, 프로그래머가 소프트웨어 코드를 관리하고 웹사이트를 개발하는 일을 했다. 일부는 하청업자였고 절반 정도는 직원이었는데 회사 대차대조표에서 막대한 간접비와 부채가 발생했다. 지금은 단지 클릭 몇 번이면 인터넷 소프트웨어에 액세스하여 열한 명이 하던 일을 할 수 있다. 신경제에서 웹디자이너와 프로그래머의 기술은 안전하리라 생각하는 사람이 있겠지만 적응하고 발전하지 않으면 살아남을 수 없다. 시장에 새롭고 더 좋은 기술이 끊임없이 등장하기 때문이다.

자율주행차가 또 다른 예다. 앞으로 5년 동안 운송업이 급격한 변화를 겪을 것이다. 트럭 운전에서 더 이상 인간이 많이 필요하지 않게 된다. 화물 운송은 완전히 자동화되어 도로에서 사고와 사망 건수가 줄어들 수 있다. 내가 지금 트럭 운전자이고 운전이 유일한 기술이라면 운전할 때마다 오디오 강의를 들으면서 정신을 다시 프로그래밍하고 새로운 기술을 배울 것이다. 트럭 휴게소에 들를 때마다 트럭 운전보다 더 크고 새로운 문제를 해결하도록 도와

줄 미래를 위한 기술에 관한 책을 읽겠다. 또한, 나 자신에게 투자하고 지식, 기술, 인맥, 행동을 우선시하는 사고방식을 키우도록 참석 가능한 모든 세미나와 콘퍼런스에 참석할 것이다. 새로 습득한 기술을 시험하고 솜씨를 완벽하게 만들 수 있도록 부업도 병행할 것이다.

여기에서 중요한 점은 배움에 열의를 느끼고 변화에 적응하고 청구서를 내기 위해 일한다는 개념을 버리는 도전을 받아들이는 것이다. '일'은 더 이상 단순히 일이 아니라 본질적으로 자연스럽게 성장을 위한 기회다. 인생의 궤도 전체를 수정했으니 이미 자산 구축자의 생활양식을 일부 경험하고 있던 셈이다. 빠르게 변화하는 시대에서 살아남으려면 뛰어난 적응력이 필요하며 이는 배움에 끝이 없음을 의미한다. 배우고 자기 계발에 정진하며 그런 과정을 즐기는 편이 낫다. 앞으로 나아가기로 했다면 절대 뒤를 돌아보지 말 것!

유용한 것을 내 것으로 만들기

무술에 능했던 영화배우 이소룡은 내게 특별한 영감을 준 인물이다. 진정한 자산가가 되는 비결의 기저에는 이소룡의 절권도(截拳道, 브루스 리가 고안한 쿵푸 · 펜싱 · 복싱 등의 요소를 혼합한 현대식 무술 – 역자 주)가 녹아 있다. 절권도의 핵심 원리인 '유용한 것을 받아들이고 유용하지 않은 것은 거부하며 특히 나와 맞는 것은 더한다'라는 진지한 자산 구축자가 받아들여야 하는 원리다. 이소룡은 끊임없이 수양할 것을 독려했다. 그는 물과 같이 환경에 적응해야 한다고도 말했다.

이소룡은 개인이 체계보다 더 중요하다는 당시로써는 파격적인 사상을 널리 알린 선각자요 혁신가였다. 오늘날의 종합 격투기(MMA) 환경에서는 그의 주장이 이제는 파격적으로 느껴지지 않는다. 격투를 논할 때 상식과도 같으며 특히 거리나 전장에서 싸울 때는 효과적이고 결과가 좋은 전략과 전술을 절대적으로 따라야 한다. 상대방에게 당하거나 밀리는 상황에서 명예를 위해 전통을 고수해서는 안 된다. 적응력을 키우고 공격적인 사고방식으로 앞을 내다봐야 한다. 결국, 적이나 환경에 맞서 싸우는 것은 나 자신이기 때문이다. 회복력, 추진력, 유연성은 자산 구축자가 반드시 갖춰야 할 자질이다.

때로는 인생의 쓴맛을 보기도 한다. 일은 대체로 우리가 원하는 대로 흘러가지 않는다. 모든 경험과 실수에서 배우고 적응하는 것이 매우 중요하다. 실수하고 나면 한 걸음 물러나 '실수에서 무엇을 배울 수 있는가? 이 실수를 다시 반복하지 않으려면 어떻게 해야 할까? 실수를 평생 나의 종으로 만들고 이로움을 안겨주도록 하려면 어떻게 해야 할까?'를 생각해보라. 이와 같은 훌륭한 질문을 던지면 필요한 답을 모두 얻을 수 있을 것이다.

독학의 기회는 무궁무진하다. 배움을 사모하고 지금 당장 평생 학습자가 되기로 결단을 내리라!

신경제의 강력한 기술

강력한 기술이란 레버리지 효과를 내는 기술이다. 일대일로 효과를 내는 선형 재주와 달리 강력한 기술은 기하급수적인 승수효과(multiplier effect)를 낸다. 이 기술이 소득을 얼마나 증가시킬 수 있는지에는 제한이 없다. 신경제에서 성공하도록 도와주는 강력한 기술 몇 가지가 있다. 그중에서 핵심적인 기술은 비판적 사고 능력, 창의적인 문제 해결, 인간적인 기술이다. 몇 가지 예를 들어보겠다.

영업

영업에 대해 생각하기만 해도 움츠러드는 사람들이 있지만, 영업은 세계에서 가장 오래된 직종이다. 모든 인간은 깨닫든 깨닫지 못하든 영업에 관련되어 있다. 하지만 대다수는 영업에 대한 그릇된 인식 때문에 영업에 별 재주를 보이지 못한다. 당신이 누구든, 어디에 거주하든 다음과 같은 네 가지 영업의 영역 중 하나 이상과 관련되어 있다.

- 제품 판매
- 서비스 판매
- 아이디어 판매
- 자기 자신을 판매

경영진은 영업과 관련이 없다고 생각할 수도 있다. 하지만 날마다 직장에 출근할 때마다 자기 자신을 판매하는 셈이다. 자신의 성과, 태도, 웃고 있는지 아니면 찡그리고 있는지, 가십과 정치 공작, 험담과 연관되어 있는지, 성실하며 팀플레이에 능한지, 회사에 더많은 가치를 선사하는지가 관심의 대상이다. 성과, 마음, 미소, 탁월함을 추구하는 정신 모두 자기 자신을 판매하는 행위 일부다. 날마다 긍정적인 방식으로 나를 내세우지 않으면 회사가 험난한 시기를 만나 정리해고 대상을 찾을 때 정리 명단에 오르게 된다.

전업주부 역시 자신을 영업하고 있던 셈이다. 자녀들에게 매일저녁 채소를 먹도록 설득하는 데는 최고 수준의 영업 기술이 필요하다. 아이들이 채소를 먹기 싫어 칭얼거리고 운다면 영업에 별로솜씨가 없는 것이다. 설득의 기술을 배워서 아이들에게 채소를 먹고 싶은 마음을 일으켜야 한다.

영업은 모두가 혜택을 볼 수 있는 기술이다. 판매를 더 잘하는방법을 배우면 어떤 직종에 종사하더라도 도움이 된다. 특히 경영주나 기업가는 안정적인 고객 서비스를 제공하고 추천을 유도하기와 더불어 예측, 전시, 판매, 후속 조치, 마무리하는 방법을 포함해판매의 모든 측면을 철저하게 파악할 필요가 있다.

영업 기술이 부족하다면 즉시 이러한 기술을 개발할 기회를 찾아야만 한다. 다만 아마추어가 아니라 전문가로서 기술을 향상해야 한다. 그렇게 하면 현재 어떤 직업이든 의문의 여지 없이 소득이 증가할 것이라고 장담한다. 멋진 아내이자 25년 동안 사업 파트너였던 다니 존슨(Dani Johnson)은 수만 명이 소득을 늘릴 수 있도록 도움을 줬다. 문자 그대로 다니는 영업 기술을 습득하고 기타 여러 소득을 증진하는 기술과 생활에 도움이 되는 기술을 통해 사람들이 소득을 늘릴 수 있도록 돕는 데 탁월한 솜씨를 지녔다.

마케팅

영업과 관련이 있는 마케팅에는 광고, 새로운 고객 창출, 다이렉트 마케팅, 광고 문안 작성, 브랜딩(branding), 포지셔닝(positioning) 등 활용 가능한 기술이 다양하다. 설득력 있는 광고나 제목을 만들고 거부하기 어려운 제안 문구를 작성하고 다양한 가격대를 확인하여 시험하고 프레젠테이션을 취합하며 혜택을 명시하고 문구, 글, 동영상 등에서 고가의 제품 추천, 저가의 제품 추천, 다른 제품을 함께 추천하는 방법을 파악하는 것 모두가 마케팅 기술에 해당한다.

마케팅 기술을 익히는 방법은 책, 오디오, 가정학습 강좌, 멘토링, 세미나, 강의, 코칭 프로그램, 기술을 마스터한 마케팅 분야 베테랑 전문가와 근무하는 등, 다양하다. 『온라인 마케팅 공식(eMarketing Formula)』 강의와 책에서 필자는 인터넷 비즈니스와 마케팅 기술에 대해 상세히 다룬 바 있다.

대인 관계와 소통 기술

프로젝트 관리자든, 고객 서비스 담당자든, 아니면 전문 경영인이든 사람들과 소통하는 능력은 중요하다. 기업에서 높은 관리직에 오를수록 탁월한 갈등 해결과 소통 기술은 가치를 인정받는다. 기업의 고위 임원은 특히 소통에 깊이 관여한다.

우리 모두 소통의 기본을 습득함으로써 이점을 누릴 수 있다. 소통에서 최대 93%가 언어 이외의 요소로 이뤄짐을 고려하면 소통하는 방식과 메시지를 전달하는 방식에 대해 배울 점이 많다.

소통 능력과 대인 관계 능력이 약하다면 소득이 일정 수준 이상으로 오르지 못한다. 섬처럼 고립되어 사는 사람은 없기 때문이다. 우리는 다른 사람의 도움을 얻어야 목적지에 도착할 수 있다. 다른 사람과의 관계가 엉망이라면 성장이 크게 제한될 것이다.

프로젝트 관리

신경제에서 가치 있고 강력한 또 다른 기술은 프로젝트 관리다. 업무에서 상당 부분을 원격지에 있는 팀이 수행하기 때문이다. 프로젝트 관리 기술이 탁월한 사람은 시장에서 더 많은 가치를 창출한다. 사람, 예산, 기간, 일정, 업무, 프로젝트를 관리하기 위해서는 훌륭한 조직 능력과 기술 노하우뿐 아니라 소통 기술과 판매 기술도 필요하다. 변동하는 일부분으로 구성된 복잡한 프로젝트를 실수 없이 효율적으로 관리하는 능력은 어느 비즈니스에서나 가치를 인정받는다.

공개 연설

공개 연설은 코칭과 팀 빌딩을 할 때나 사람들에게 동기를 부여하고 직원들을 훈련하거나 프레젠테이션을 할 때, 리더가 될 때 필요하다. 특히 영업의 경우 공개적으로 발언하는 두려움을 정복하면 업무의 모든 영역에서 성공을 거둘 수 있을 것이다. 연설가로서 경력을 쌓는 것도 높은 소득을 올릴 가능성이 있는 길이다. 프레젠테이션을 수행하고 훈련을 하고 크고 작은 집단 앞에서 연설하며 모든 발언 기회를 살리면 훌륭한 연설가가 될 수 있다. 연설 경험을 기록으로 남기고 솜씨 좋은 발표자와 연설가에게 배우며 모델로 삼는 방법도 도움이 된다.

회계

회계와 연관된 강력한 기술에는 세무 설계, 법 구조화, 수치 분석, 재무 관리, 투자 등이 있다. 개인 투자자든, 기업인이든, 기업에 소속된 직원이든 회계 기술은 그 가치를 입증할 것이다. 많은 사람이 숫자에 위축되며 회계나 세법을 이해하지 못한다. 회계, 재무, 법 구조화에 밝게 되면 문제와 기회를 더 잘 포착할 수 있고 실수와 장애물을 피해서 가며 돈을 아낄 수 있다. 이 분야의 능력을 조금이라도 키우면 회사나 스스로가 지니는 가치는 크게 증가할 것이다.

비즈니스를 확대 및 확장

비즈니스를 키우고 확대하는 것 또한 강력한 기술이다. 프로젝트 관리와 마찬가지로 이 기술도 절차나 최적화와 밀접하게 관련되어 있다. 병목을 확인하고 제거하기만 해도 효율성과 생산성을 2~3배 이상 증대할 수 있다. 애로사항을 없애거나 절차를 간소화하거나 직원들의 강점과 약점을 평가함으로써 효율성을 향상시키면 비즈니스를 배가시키는 데 도움이 된다.

사장 같은 직원

'사장 같은 직원'은 기업인의 태도를 갖춘 직원의 사고방식을 일컫는 표현이다. 사장 같은 직원은 경영주에게 해결해야 할 문제가 있어서 직원을 고용한다는 사실을 인식한다. 이러한 직원은 해고를 모면하기 위해 최소 시간만 일한다거나 승진하면서 자기 안위만을 챙기는 그런 사람이 아니다.

사장 같은 직원은 경영주와 같은 사고방식을 가지고 있으며 기업에서 일어나는 모든 일에 책임을 진다. 불평을 늘어놓거나 소문을 퍼뜨리지 않으며 자신의 기술을 향상하고 인맥을 넓히기 위해 애쓴다. 이들은 받기 위해서가 아니라 주기 위해서 일터에 간다. 또한, 문제를 만드는 일이 아닌 해결하는 일에 주력한다. 소비자가 아닌 생산자에 해당하는 사람들이다.

사장 같은 직원의 사고방식을 갖추면 성과가 달라진다. 기회의 문이 열리기 시작하며 회사에 가치 있는 사람이 된다. 공석이 생기면 승진 제안을 받거나 회사의 신사업부를 시작할 기회를 얻는다. 이들은 직무 소개상의 명칭에 얽매이지 않으며 이로 인해 소득이 증가한다. 결과로 돈을 버는 경제의 사고방식을 받아들여 보상과 기회를 얻는다.

은퇴와 관련된 신화

진정한 자산가가 되는 비결은 은퇴에 대한 기존의 시각을 지지하지 않는다. 기본적으로 은퇴는 산업 시대에서 비롯된 개념이다. 1990년대 초에 공장에서 주 40시간 동안 40년간 일하는 세태에 대한 반응으로 등장했다. 근로자가 업무를 수행하기 어려울 정도로 나이가 들면 금시계와 위네바고(캠핑카의 일종 − 역자 주)를 선물로 받는다. 다행히 여행을 다닐 수 있을 정도로 건강하다면 숨을 거두기 전에 여행을 다니고 손주들을 만나는 것이다.

재무 설계 산업 전체가 이러한 유형의 사고에 기반하고 있다. 안타깝게도 이 같은 사고는 많은 사람에게 큰 효과를 내지 못했다. 대다수의 재무 결정은 은퇴를 염두에 두고 결정된다. 보람찬 인생을 정의하고 설계하는 대신 연령, 소득 수준, 지출, 위험 감내 수준을 토대로 포트폴리오를 배분한다.

많은 경우의 사람들은 은퇴 이후에 비참한 삶을 살며 기대 수명이 빠른 속도로 줄어든다. 또 다른 경우에는 은퇴를 원하지 않으며 은퇴하게 되면 불행이 시작된다. 사람들은 '은퇴'를 준비하며 인생을 보내지만 실제로 은퇴해보면 꿈꾸던 삶과 다른 인생이 펼쳐진다. 재정적으로 형편이 빠듯하거나 지루함, 외로움에서 벗어나기 위해 다시 일터로 돌아가는 경우도 많다. 통계적으로 사람 대다수에게 효과가 없는 개념을 추구하기 위해 인생 전체를 바치는 이유가 무엇인가?

은퇴하는 시기는 인생에서 가장 생산성이 높고 지혜가 넘치는 시기여야 한다. 온종일 집에 앉아 TV를 시청하는 삶이야말로 가장 지양해야 한다. 그렇게 지내기에는 세상에 이바지할 만한 가치를 풍부하게 지니고 있다!

진정한 자산가가 되는 비결을 따르면 정년이 되기 훨씬 전부터 경제적 독립을 달성하고 건강하고 생산적이면서도 만족스러운 삶을 살 수 있다. 또한, 노후에 가족과 지역 사회에 이바지할 수 있게 된다. 생활에 필요한 불로 소득을 마련해놨기 때문에 자유롭게 다른 사람에게 조언을 제공하고 성장을 돕는 역할을 할 수 있는 것이다. 이미 정년이 되었다면 진정한 자산가가 되는 비결의 원칙을 활용하여 후대에까지 전해지는 유산을 형성할 수 있다. 이 책과 책에 담긴 개념을 다른 사람과 나누는 일부터 시작해보라.

5년 뒤의 당신은 어떤 모습일까? 새로운 기술을 익히고 사고방식을 변화시키기 위해 노력하지 않는다면 지금의 모습 그대로 살고 있을 가능성이 크다. 진정한 자산가가 되는 사고방식을 받아들이고 평생 배움의 끈을 놓지 않으면 인생이 모험, 성장, 성취감으로 충만하게 된다.

억대의 기술을 배우면 돈이 따라올 것이다. 이를 목표로 추진한다면 반드시 이룰 수 있다. 기업에서는 (사업 모델에 따라) 처음에 억대의 이익을 내는 것보다 억대에서 수십억대로 이익을 늘리는 편이 더 쉬운 예도 있다. 일반적으로 진전은 서서히 일어나지 않고 계단식으로 나타난다. 독학하고 더 중요한 문제를 해결하며 전문기술을 학습하고 인맥을 넓히고 직업윤리로 무장하는 길을 간다면 삶에서 기하급수적인 도약을 경험하게 될 것이다. 이와 동시에 흥미진진하고 모험이 가득한 생활을 즐길 수 있다.

기술 개발 계획표

자산 구축자는 대차대조표, 자산과 부채의 관계에 대해 익숙해지며 부채, 소득, 자산이라는 세 기둥으로 삶을 구성한다.

다음에 소개할 진정한 자산가가 되는 비결의 기술 개발 계획표는 이러한 기술을 개발하고 증진하는 데 도움을 줄 것이다. 앞서 부채 상환액 증가 계획표를 복리를 역으로 이용해 부채를 빠른 속도로 없앤 것과 같은 방식으로 레버리지를 만들고 소득을 창출하는 기회를 마련할 수 있다.

〈복합 기술 개발 계획표〉

소득 내역	월별 금액	적극적/ 수동적	산술적/ 기하급수적	기술	시간	긍정적측면	안정성	이동 가능성

우선, 소득을 창출하는 모든 자산을 목록으로 작성한다. 당연히 목록에서 첫 번째 줄에는 자신의 이름을 써야 한다. 그다음에는 핵심 기술을 나열한다. 그러고 나서 임대 부동산, 주식, 채권 등 소득을 창출하는 다른 자산을 적는다. 이제 각 자산을 가치나 매달 창출하는 소득으로 평가한다. 임금과 같은 적극적 소득(active income)인지, 아니면 아파트를 보유하는 데서 발생하는 임대료와 같은 수동적 소득(passive income)인지 고려해야 한다. 어떤 기술은 특히 더 가치가 있을 것이다. 프리랜서의 글쓰기와 같이 이동하면서 소득

을 올릴 수 있는 기술은 자리를 지켜야만 하는 기술에 비해 가치가 높을 수 있다. 평생 특정 도시에 있는 사무실에 머물러야만 하는 고소득 일자리와 비교해 지리적인 자유와 확장성이 더 크기 때문이다.

또한, 기술을 레버리지할 수 있는지, 산술적 기술인지 아니면 기하급수적 기술인지도 따져봐야 한다. 영업, 마케팅, 프로젝트 관리와 같은 기하학적 기술은 소득을 두 배, 세 배, 혹은 네 배 증가시킬 가능성이 있다.

계획표를 완성했다면 어떤 기술의 활용도가 가장 높은지, 5년 뒤 내가 원하는 위치에 데려다줄지 확인해보라. 그 기술에 집중해 다른 기술을 조합하면 기하급수적인 소득 증가를 경험할 것이다.

십자포화 원칙

진정한 자산가가 되는 비결에서 십자포화 원칙은 부채를 줄이면서 동시에 소득을 증가시키는 방법이다. 쥐어짜는 압력을 만드는 것으로 원래 군사 전략에서 유래되었다. 전투에서 적이 측면을 공격하고 십자포화를 당하는 상황에 직면하고 싶지 않을 것이다. 죽음을 모면하기 어려운 상황이기 때문이다. 안타깝게도 많은 사람이 재정적으로 이와 같은 삶을 살아간다. 부채와 복리 이자에 십자포화를 당하고 있다. 진정한 자산가가 되는 비결은 부채를 적으로 규정하고 부채 상환액 증가를 통해 부채를 억제하며 소득 증가로 추가적인 압박을 가해 목을 조이는 시나리오로 상황을 반전시킨다.

부채를 줄이는 동시에(부채 상환액 증가 계획표 참고) 강력한 기술을 발전시키고 시장에서 인정받는 가치를 창출해 소득을 증가시킨다. 그러면 두 방향에서 문제를 공격하여 쐐기를 넣거나 십자포화를 가하는 셈이다. ND1, 10/10/10/70 공식 덕분에 부채 상환 속도가 가팔라지는 동시에 자산이 축적된다. 이에 따라 돈을 위해 일하는 데서 돈이 나를 위해 일하도록 만드는 데 걸리는 시간이 단축된다. 이 책에 설명한 개념을 적용하면 그 시간을 더욱 앞당길 수 있다.

십자포화 원칙의 기본 개념은 소득 증가와 부채 감소를 동시에 추진하여 부채를 자산으로 전환하는 눈덩이 효과를 만드는 것이다. 그러면 자산을 구축하는 장치를 발전시키는 기회가 형성된다. 생활비와 부채의 차이가 곧장 자산으로 편입되고 자산에서는 점점 더 많은 현금흐름이 창출되며(5장에서 자세히 다룰 것이다) 재산이 더욱 불어난다. 소득의 증가는 전체 과정의 속도를 더 빠르게 만들고 모든 것을 가속한다. 이 책에서 설명한 공식을 따르면 효과가 발휘되기 때문이다. 소득이 늘면 자산 계좌에 들어가는 금액이 늘어나고 부채 상환액도 증가한다!

절세

세금은 언제나 인생 최대의 지출이다. 사람 대다수는 세금 납부를 필요악으로 여기고 절세계획이나 세금 납부 상황을 최적화하기 위해 충분히 고민하지 않는다. 자산 구축자는 세금 효율을 위해 노력해야 함을 아는 사람이다.

해마다 소득의 40%(도시, 국가, 연방 정부의 세금을 모두 더하면 이보다 더 많음)를 세금으로 낸다는 사실은 합법적인 방법을 총동원해서 납세액을 줄여야 할 큰 인센티브가 된다. 세금에 대해 어떤 조처를 할 수 있는지 적극적으로 배우고 전문가를 고용하여 도움을 받기를 바란다.

절세 기법에는 주식회사, 유한책임회사(LLC), 신탁과 같은 구조를 활용하는 방안도 포함된다. 세액 공제를 받을 수 있도록 서류를 제대로 작성하는 방법을 파악하고 세법이 제정되는 방식을 알며 세법이 경영주에게 이롭고 근로자에게는 불리하다는 점을 이해해야 한다.

사장 같은 직원은 시간제로 자기 사업을 시작하는 방안을 고려해봄 직하다. 시간제 사업으로 근로 소득을 증대하는 기회를 마련할 뿐만 아니라 평범한 W2 직원이라면 고려할 수 없는 공제 기회도 얻을 수 있기 때문이다. C콥(C Corporation), LLC, 자산 보호를 제공하고 전반적인 절세계획에 도움이 되는 기타 법인을 통해 더 많은 기회를 누릴 수도 있다. 이때 전문가의 도움을 받는 것이 중요하다. 회계사는 다양한 공제에 대해 잘 알고 있으며, 무엇보다 전략적인 절세계획에 능통한 전문가의 도움은 매우 유용하다. 세금에 대해 직접 배우는 것 외에도 유용한 조언을 얻을 수 있도록 수수료를 지불하기를 주저하지 말아야 한다. 제대로 된 질문을 하는 방법을 알면 좋은 정보를 받는지 아니면 나쁜 정보를 받는지 구별할 수 있다.

우리는 합법적으로 부과된 세금을 전액 내야만 한다. 소득을 신고하고 제대로 밝히며 조세 회피 옹호자나 불필요하게 복잡한 구조에 주의를 기울여야 한다. 이해가 가지 않는다면 따라서는 안 된다. 궁극적으로 책임을 지는 사람은 변호사나 회계사가 아닌 나 자신이다. 전문가가 어떤 조언을 하든 내게 책임이 있는 것이다.

처음 사업을 시작했을 때는 상황이 호락호락하지 않았다. 나는 숫자를 다루는 데 자신이 없었다. 훌륭한 기업가와 경영주가 되기 위해서는 아웃소싱을 하고 위임을 해야 한다고 생각하고 있었다. 우리가 잘하는 일에 주력하고 다른 사람이 나머지 일을 처리하도록 해야 한다는 일반적인 가정으로 기업을 운영했다.

나는 마케팅, 제품 개발, 브랜딩, 포지셔닝에 배경이 있거나 전문성을 가지고 있었고 그런 이유로 이 분야에 뛰어났다. 여러 해 동안 우리는 전문가를 고용했고 회계, 부기, 심지어 투자 관리까지 잘해주기를 기대했다. 시간이 흐르면서 많은 실수가 벌어졌음을 알게 됐다. 세부적인 내용에 신경을 쓰지 않은 대가로 우리는 다른 사람이 저지른 실수 때문에 발생한 비용을 치러야 했고 부채가 발생했다. 전문가의 조언을 지나치게 신뢰했으며 질서정연하게 유지하기에는 일이 너무 복잡해진 상태임을 깨달았다. 결국, 나는 누구도 사업이나 돈을 관리하는 데 나 자신처럼 주의를 기울이지 않는다는 사실을 받아들여야 했다. 어디서 들어본 말 같은가?

이를 악물고 회계와 세무 계획에 대해 닥치는 대로 읽기 시작했다. 온갖 세무 전문가를 만났고 그들에게 배우기 위해 계속 질문했다. 시간이 흐르자 상황이 제자리를 찾기 시작했다. 이제 나는 회계와 절세에 대해 진정으로 이해하려는 마음만 있다면 누구나 뜻을 이룰 수 있다고 굳게 믿는다. 충분히 신경을 쓰면 배우는 데 시간을 투자할 수 있다. 결단은 빠르면 빠를수록 좋다!

기업가 되기

역사적으로 기업이야말로 부를 창출하는 일등 공신이었다. 그 다음이 대체로 부동산이며 주식(상장 기업의 소유권), 채권(상장 기업, 지방 정부, 중앙 정부의 대출)이 뒤를 잇는다. 소득을 기하급수적으로 늘리기를 원한다면 사업을 시작하고 기업가가 되기를 고려해보라. 위험이 크지만(대다수 기업이 망한다) 오늘날은 그 어느 때보다 사업을 시작하기가 쉽다. 창업 비용은 과거보다 훨씬 저렴하며 창업으로 기대할 가능성은 막대하다. 몇 년 전만 해도 기업을 시작하려면 수백만 달러가 들었지만, 지금은 5,000달러 이하로도 가능하다. 최근에 십억 달러의 가치를 인정받는 스타트업이 쏟아지는 이유다

(우버, 에어비앤비, 슬랙 등을 생각해보라). 사업을 시작해서 아이디어를 인정받은 다음에는 사모펀드, 크라우드소싱, 엔젤 투자자와 벤처 캐피탈을 통해 성장할 수 있었다. 반면 자본을 유치하고 성장하기 위해 상장을 택하는 기업의 숫자는 줄었다. 시대가 변한 것이다. 시장은 이제 지역에 얽매이지 않으며 오프라인 상점을 내거나 일 년 치 임대 계약을 맺을 필요도 없다. 정보, 훈련, 지식, 교육에 접근할 기회가 무궁무진하다.

핵심은 올바른 질문을 던지기 시작하여 해결해야 할 문제가 무엇인지 파악하고 이미 익숙한 틈새에서부터 기회를 발견해 나가는 것이다. 이 방법으로 우리는 첫 번째 대형 제품을 선보여 기업을 수백만 달러 규모로 키웠다. 굶주려 있던 시장에 영업 매뉴얼을 담은 간단한 책을 발표했는데 가려운 곳을 긁어주고 실력을 입증한 전문가가 다루지 않았던 큰 문제를 해결하는 역할을 했다. 덕분에 이전에 한 번도 성공을 맛보지 못했던 사람을 비롯해 고객들의 성과가 급격히 개선됐다. 이 경험은 훗날 다른 블루 오션에서 기회를 마련했고 우리는 더 큰 성장을 맛봤다.

다수의 성공한 기업이 돈을 벌고 싶다는 단순한 열망에서 시작한다. 가족 기업과 제휴하거나 영업 대표가 되어 직원에서 기업인으로 넘어가는 방법도 도움이 된다. 실패를 두려워하지 말고 적극적으로 시도해보라.

기억해야 할 법칙 3

실패에 대한 두려움으로 많은 사람이 앞으로 나아가지 못한다. 신경제에서 성공하는 비결은 아이디어를 시장에 신속하게 선보이는 것이다. 아이디어를 재빨리 테스트해보라. 시장에서 피드백을 얻을 것이다. 시도할 때마다 앞으로 활용하게 될 새로운 기술을 배우고 경험을 쌓을 수 있다. 동일한 기업이나 벤처를 하지 않더라도 지금 당장은 예측할 수 없는 다른 분야에서 활용하게 될 것이다. 이 때문에 사고방식을 다시 강조할 수밖에 없다. 탄력적으로 대응하고 적극적으로 실험하며 시도해보라. 빨리 실패를 맛보는 것이 곧 성공하는 것이다. 논리적이지는 않지만 진실이다. 자산 구축자와 진정한 자산가가 되는 비결을 실천하는 사람들의 사고방식이기도 하다.

창업은 온갖 새로운 기술을 배울 훌륭한 기회다. 영업, 마케팅, 인간관계, 프레젠테이션, 리더십, 프로젝트 관리에 대해 배우게 된다. 단순히 청구서를 납부하기 위해서라면 일하지 말라.

기억해야 할 법칙3: 어떤 일이라도 하게 된다면 새로운 기술을 배우기 위해서 하라.

사업이 잘돼서 성공하면 앞으로 가족들이 여러 세대에 걸쳐 유익을 볼 것이다. 자녀뿐 아니라 손주까지도 방과 후에 시간제로 일하고 소중한 기술을 배울 수도 있다. 가족 기업이 커지고 성장하면 여러 이점이 있다. 자신만의 방식으로 여러 세대에 이어질 유산을 만들 수 있다.

주변을 둘러보라. 지금 하는 일이나 경력을 돌아보더라도 성장할 기회가 곳곳에 숨어 있을 것이다. 다른 사람들이 그런 기회를 알려주거나 도와주거나 기회를 마련해주기를 의지하지 말라. 이는 피해자의 사고방식이다. 그저 고개를 숙이고 묵묵히 일터로 가서 문제를 해결하고 가치를 창출하는 일에 집중하라. 미소를 짓고 다른 사람들을 격려하라. 콘퍼런스와 교육 세미나에 참석하여 자신에게 투자하기를 시작하라. 이 책과 같은 서적을 읽어라. 장담하건대 사람들이 당신에게 변화가 벌어지고 있음을 알아차릴 것이다.

어떤 상황에도 자산이 증가하는
핵심 투자 규칙

현금흐름을 창출하는 자산구조

부채를 모두 제거하고, 소득이 증가하고, 소득에 진정한 자산가가 되는 비결의 ND1 공식을 적용하면 자산 계좌가 빠른 속도로 불어나는 것을 보게 된다. 이제 현금흐름 자산에 대한 작업을 시작할 시점이다. 이 시점에 이르면 돈을 위해 일하는 상태(소득)에서 돈이 나를 위해 일하는 상태(불로 소득)로 옮겨간다. 지출을 줄이고 소득을 늘릴 수 있는 체계와 통제를 갖췄다면 이제 탄탄한 자산 기반을 구축하고 발전시키며 강력한 대차대조표를 만들 수 있는 돈을 얻을 것이다.

탄탄한 자산 기반을 구축하는 일은 대차대조표를 재구성하는 데서 시작된다. 차입금이나 부채를 최소화하거나 아예 없애고 싶을 것이다. 부채가 있더라도 현금흐름 자산으로 뒷받침되어야 한다.

소득 부문의 첫머리에서 언급했듯 돈은 씨앗과 같다. 우리는 씨앗을 먹을 수도 있고 땅에 심을 수도 있다. 목표는 최대한 많은 씨앗을 심고 먹거나 소비하는 씨앗을 줄이는 것이다. 씨앗을 먹어버리면 영원히 사라져버리고 만다. 반면 씨앗을 심으면 그 씨앗이 자라나 열매를 맺는 거대한 과수원을 이룰 가능성이 있다. 당장 대차대조표를 재구성하면 해가 갈수록 현금흐름을 창출하는 자산의 과수원 전체를 가질 수 있는 상황이 마련된다.

자산과 부채 비교

자산은 주머니에 돈을 넣어 주지만 부채는 주머니의 돈을 빼간다는 말이 있다. 당장 듣기에는 좋은 말이지만 좀 더 구체적으로 살펴볼 필요가 있다.

부채 기둥에서 설명한 돈에 관련된 사분면을 떠올려보면 네 개의 자산과 부채 영역으로 구성되어 있었다. 자산 구축 과정에서 핵심적인 개념이므로 다시 살펴보겠다.

〈돈의 사분면〉

네 가지 유형의 부채/자산

가치가 상승하는 자산	현금흐름 자산
소비자 부채	가치가 하락하는 자산

표의 왼쪽 아래는 신용카드 대금과 같은 소비자 부채로 대차대조표에서 자산이 아닌 부채만 만들어 낸다. 구매로 인해 가진 돈이 완전히 소비된다. 대차대조표에서 보여줄 만한 것이 전혀 남아있지 않다. 무엇을 구매했든 돈을 써버렸거나 허비하여 오로지 갚아야 할 부채만 남았다.

오른쪽 아래는 가치가 하락하는 자산으로, 렌트했다가 일정 기간 후 소유할 수 있는 가구가 여기에 해당한다. 임대 계약을 통해 마이너스 현금 흐름이 발생하며 대차대조표에서 이 계약은 법적으로 구속력 있는 부채로 간주한다. 임대 계약이 종료되거나 전액 내면 낡은 중고 가구가 남는데 그 가치는 원래 구매 가격의 일부에 불과하다. 자동차와 선박도 가치가 하락하는 자산의 대표적인 예다. 시간이 지나면서 가치가 하락하지만, 유지보수, 세금, 운영비, 보관비로 지출이 일어난다. 가치가 하락하는 자산을 담보로한 부채가 있다면 절대 자산을 불릴 수 없다. 부채는 임대인의 대차대조표에서는 복리를 통해 돈을 벌고 있지만 임차인이 떠맡은 대차대조표상의 자산은 비용을 발생시키고 시간이 지날수록 가치가 하락하기 때문이다.

세 번째로 왼쪽 위의 가치가 상승하는 자산으로 토지, 무배주(주주에게 배당을 지급하지 않고 단지 의결권이나 신주인수권만을 가질 것을 조건으로 하여 발행된 주식 - 역자 주), 주택(시장 상황에 따라 다름) 등이 여기에 해당한다. 이러한 유형의 자산은 도박과 유사하다. 자산으로 이익을 보거나 시장에서 적절할 때를 봐서 고점에 팔 수 있을

지 장담할 수 없기 때문이다(대다수 사람이 그런 운을 누리지 못한다). 일반적으로 시간이 지날수록 가치가 상승하지만 제대로 타이밍을 맞추리라는 보장이 없다. 변동성이 매우 심할 수도 있으며 거의 모든 경우에 보유하고 있는 동안 (가치가 하락하는 자산과 유사하게) 현금흐름이 마이너스다.

네 번째로는 현금흐름 자산으로, 꾸준히 소득을 창출하는 자산이다. 부자들은 현금흐름 자산을 활용해 해가 갈수록 재산을 불린다.

부자가 더 큰 부자가 되는 방법

기회가 내 편에 있도록 하려면 자산을 어떻게 구성해야 할까? 대차대조표에서 부채를 최소화하고 자산을 최대화해야 하지만 사람들은 일상에서 그렇게 행동하지 않는다. 모든 사람에게는 강점과 약점이 있는데 성공한 사람들 대다수는 자신의 강점을 최대화하고 약점을 최소화하는 방법을 파악한다. 이들은 자산에 집중하고 부채를 관리한다(부채를 완전히 제거할 수 없는 경우가 많음을 알고 있다). 금융자산을 불리는 방법도 동일하다.

잉여 소득이나 재량 소득이 생기기 시작하면 자산을 취득하기를 원할 것이며 그러면 더 많은 현금흐름이 발생한다. '부자가 더 큰 부자가 되고' 재산을 늘리는 방법으로, 독자들도 따라하기를 원할 것이다. 초고액자산가는 시간이 지날수록 가치가 상승하는 경향이 있으나 현재의 양의 현금흐름을 발생하는 자산 또는 배당, 이자, 로열티, 라이선스 사용료를 통해 수동적인 불로소득을 활용하는 데 탁월하다.

자산을 불리기 위한 진정한 자산가가 되는 비결

고객 중에 20대 중반으로 이제 막 사업을 시작한 청년이 있는데 임대 부동산으로 구성된 포트폴리오를 구축하는 데 주력해왔다. 이 청년은 현금이 필요한 압류 물건을 주로 고른다. 미리 자금을 조달해서 계약을 따내고 부동산 상태를 개선한 다음 세를 놓는다. 매달 들어오는 임대료로 비용(모기지, 세금, 보험, 유지관리비)을 만회하고도 남아 양의 현금흐름을 창출한다. 이와 동시에 주거할 수 없는 압류 주택을 임대 시장에서 최고가로 변신시켜 부동산의 가치도 오른다. 이제 이 청년에게는 두 가지 선택사항이 있다. 매달 받는 현금흐름을 모으거나 아니면 기초 자산인 부동산의 가치가 계속 상승할 때 처분하는 방법이 있다.

현금흐름을 모아두는 옵션에는 배당을 지급하는 다른 투자를 하거나 또 다른 부동산을 매입하는 방안이 포함된다. 그에게 중요한 것은 씨앗(이 경우에는 부동산에서 발생하는 잉여 자금)을 먹거나 쓰지 않는 것이다. 대신 씨앗을 다시 심어야 한다. 그는 현재 양의 현금흐름을 창출하는 부동산을 두 건 보유하고 있으며 세 번째 부동산을 얻기 위해 작업 중이다. 많은 사람처럼 돈을 써버리는 대신 진정한 자산가가 되는 비결을 적용하여 두 건의 임대 부동산에서 발생하는 불로 소득을 자산 계좌에 넣고 있다. 그는 자산 계좌를 활용해 배당과 매달 이자를 지급하는 투자처에 투자하고 자산을 불리며 현금흐름을 더 많이 창출하는 과정을 완전히 자동화했다. 임대 부동산에서 매달 발생하는 이익이 그대로 잠자도록 두지 않고 복리로 불려 나가는 한편 임대 부동산으로 만들 만한 다음 투자처를 물색하고 있다. 이 청년의 사례가 진정한 자산가가 되는 비결의 방법론에 꼭 들어맞는다. 청년의 예가 환경을 조성하는 유일한 사례는 아니지만, 이 책에서 설명한 원칙을 통해 자산 구축 장치를 설계하고 장치를 가동하여 자유를 얻는 방법을 보여준다.

일반적으로 현금흐름 자산은 본질적으로 수동적이며 바로 그 점에 주목하고자 한다. 탄탄하고 안정적인 현금흐름 자산을 구축하여 불로 소득을 증가시킨다. 현금흐름 자산 기반이 단단해지면 빠르게 돈을 벌 수 있는 단기적인 기회를 활용하고 가치가 상승하는 자산을 활용하는 유리한 위치에 설 수 있다. 예를 들어 하락장에서 부동산을 매입하여 상승장에서 매도하거나 증시가 붕괴했을 때 우량한 배당주를 매수하거나 다른 우량한 부실 자산을 인수하는 것이다.

최우선적인 목표는 불로 소득이 근로 소득과 같아지는 지점에 도달하는 것이다. 진정한 자산가가 되는 비결에서는 자유도 수치로 표현한다. 수동적인 현금흐름 투자에서 발생하는 소득이 근로 소득과 같아지면 경제적인 독립이 시작된다. 어떤 이유에서든 하루나 일주일, 또는 한 달 동안 일을 할 수 없게 되었을 때도 소득원이 있다. 이것이 우리의 목표이며 든든한 위치에 올라선 것이다. 진정한 경제적 독립을 이룬 것이다.

견고한 대차대조표 만들기

매달, 매년 현금흐름을 창출하는 과수원을 만들려면 우선 현재 보유하고 있는 재고를 조사해야 한다. 모든 자산과 부채의 목록을 작성하고 소득을 발생시키는 자산과 부의 현금흐름을 발생시키는 자산을 확인해야 한다.

소득 기둥에서와 마찬가지로 자산 목록에서 첫 번째 항목에는 자신의 이름을 쓴다. 다른 자산에는 임대 부동산, 배당주 포트폴리오, 채권, 다른 사람에게 돈을 빌려줘서 이자를 받는 담보부 대출이 포함될 수 있다. 또한, 이자 소득이 발생하는 양도성 예금증서(CD)도 있다.

금고에 숨겨둔 귀금속은 엄밀히 말하면 자산으로 간주하지만 소득이 발생하지는 않는다. 가치가 상승하는 자산이나 투기 물건이며 토지를 보유할 때와 마찬가지로 부의 현금흐름이 발생하는 성격이다. 유지하고 소유하는 데 서비스 수수료, 보관료, 거래 비용, 임대료, 세금과 같은 비용이 발생하는 가치 상승형 자산이다. 어떤 물건이든 모두 목록에 포함한다.

〈대차대조표〉

자산	부채

목록에 모든 항목을 포함해야 하며 빠진 항목이 있으면 안 된다.

애플이나 마이크로소프트 같은 '포천 500' 기업을 살펴보면 금융업계에서 '견고한 대차대조표'라고 부르는 대차대조표를 가지고 있다. 막대한 현금흐름을 창출하며 부채가 적고 거대한 자산을 보유하고 있다. 지적재산권이나 영업권과 같은 무형 자산이나 거의 노후화되지 않는 자산인 자본, 효율적 자산을 대거 보유하고 있는 경우도 많다. 이러한 기업의 대차대조표는 매우 견고하며 경기 침체기에도 견딜 수 있도록 하거나 심지어 더 강해지도록 만든다. 제품 수요가 항상 존재하기 때문에 침체기나 불황이 와도 상관없이 시장점유율이 증가한다. 적기에 제대로 된 이유로 매수하면 모든 투자 포트폴리오에 '블루칩' 주식을 추가하는 것처럼 탁월한 선택이 된다.

진정한 자산가가 되는 비결에서는 비슷한 방식으로 대차대조표를 평가하고자 한다. 마이너스 현금흐름을 발생시키는 자산과 부채를 제거하고 플러스 현금흐름이 발생하는 자산을 최대화하여 요새와 같이 견고한 대차대조표를 만들기 위해서다.

실수를 만회하기

모든 실수는 배울 수 있는 경험이기도 하며 재무 교육에서 중요한 부분을 차지한다. 실패나 실수가 일어나면 그 경험을 통해 최대한의 가치를 뽑아내도록 해야 한다. 나는 이를 '수업료를 지불한다'라고 부른다. 실패를 (정신적) 대차대조표에서 부채가 아닌 자산으로 전환하려면 실수를 나의 종으로 만드는 방법을 배워야 한다.

일기를 쓰고 모든 실수에서 최대한의 가치를 뽑아내도록 하면 된다. 지식을 늘리고 기술을 향상하고 더 많은 경험을 쌓고 인맥을 넓히면 상황을 최대한 이용할 수 있다. 사업이 실패하더라도 미래에 도움이 될 수 있는 소중한 인맥을 만들 수 있다. 그중 한 사람이

다음번 사업 파트너가 되어 함께 수백만 달러의 사업을 일구는 누군가를 소개해줄 수도 있다. 올바른 사고방식과 훌륭한 전략, 실패를 다루는 긍정적인 접근법을 갖추고 있다면 상황이 예상치 못한 방향으로 흘러갈 수 있다.

무한히 자산이 증가하는 장치를 만드는 방법

사람 대다수는 소득과 지출의 폐쇄 루프(closed-loop)에 갇혀 있다. 소득으로 생활비를 대는 상황이 반복되는 것이다. 일반적으로 수입보다 씀씀이가 더 크며 감당할 수 있는 것 이상의 부채를 지고 있다. 이 폐쇄 루프는 끝이 없는 하향 나선이다. 시간이 흐를수록 소득이 증가할 수 있으나 지출과 부채 또한 증가한다. 자산을 취득하면 일반적으로 마이너스 현금흐름이 발생하여(가치가 하락하는 자산이나 가치가 상승하는 투기성 자산) 근로 소득에 재무 부담이 가중된다. 이와 같은 폐쇄 루프를 재구성하여 소득이 자산을 낳고, 자산이 소득을 낳도록 만들고자 한다. 그러려면 지출을 줄이고 소득을 늘리며 자산을 차별화해야 한다. 이것이 자산을 불리는 장치를 만드는 핵심이다.

대차대조표의 자산은 현금흐름을 창출하고 불로 소득을 증가시켜야 한다. 소득이 증가하고 부채가 줄어듦에 따라 초과 소득을 자산 기반을 확대하는 데 쓸 수 있다. 대다수 사람처럼 지출과 부채를 늘리며 투기성 투자를 하는 대신 진정한 자산가가 되는 비결에서는 현금흐름 자산을 구축하는 데 집중한다. 이를 통해 도박사가 아닌 투자자가 될 수 있으며 금융업계의 복잡성과 잘못된 정보에서 자유로워질 수 있다.

진정한 자산가가 되는 비결에 따라 현금흐름을 창출하도록 대차대조표를 재구성하면 모멘텀이 쌓인다. 나는 이를 자산 눈덩이 또는 자산 증가 장치라고 부른다. 이 장치를 마련하면 자동화와 자산이 구성된 방식으로 인한 복리 효과 덕분에 문자 그대로 매달 지속해서 증가하는 현금흐름(소득)을 얻을 수 있다. 당신과 가족은 시장이 조정을 겪거나 변동성이 크거나 혼돈 상태에서도 뛰어난 회복력을 갖춘 '안티 프래질' 상태가 된다. 자산으로 기본적인 지출을 해결할 수 있어서 매달, 매분기, 매년 점점 더 부유해지고 경제적으로 독립할 수 있다. 다시 말하지만 '부자가 더 큰 부자가 되는' 방법이다.

이 방법을 실천하면 월가에서 부르듯 '덤 머니(dumb money)'가 아닌 '스마트 머니(smart money)'의 일부가 된다. 견고하고 든든한 위치에서 현금으로 활동 자금을 마련해 '시장에 유혈이 낭자할 때 매입할 수 있는' 상태가 된다. 현금은 투기성 금융자산에 묶여 있고 '전문가'에게 어떻게 조처해야 하는지 의지하며 지속해서 발생하는 수수료와 지출을 부담하기 위해 안정적인 근로 소득에 의존해서는 이룰 수 없는 일이다. 이러한 모델에서는 실질적인 레버리지나 자유가 전혀 없다.

절대 규칙 2(Non-discretionary rule #1, ND2): 자산 배분 규칙

이제 자산 계좌에서 불어나는 자본을 관리하는 방법과 안전성, 모멘텀, 성장을 최대화하도록 자산을 배분하는 방법에 관해 설명하겠다.

진정한 자산가가 되는 비결에서는 달러와 센트가 아닌 비율과 공식을 통해 돈을 관리한다는 것을 기억해야 한다. 세계 최고의 투자자, 투기자, 자산가와 마찬가지로 절대 규칙에 기반한 체계를 활용한다. 이제 한 걸음 더 나아가 이 전략이 자산 계좌에 어떻게 적용되는지 알아보자.

10/10/10/70% 공식으로 요약되는 ND1은 근로 소득(일해서 번 돈)을 관리하여 지출이나 소비를 통제하고 부채에서 벗어나며 자산을 구축하는 과정을 시작하는 방법과 관련되어 있다.

ND2는 자본 배분 모델로 불로 소득(우리를 위해 일하는 돈)이나 자산 계좌의 자본이나 다른 자산을 관리하는 최고 수준의 위험 관리 공식이다.

은행처럼 사고하기

진정한 자산가가 되는 비결에서 ND2 시스템은 은행업을 모델로 삼는데, 바로 엘리트들이 자산을 분류하고 자본을 배분하는 방법이다.

기본 자산(T1): 은행에는 1등급 자산이 있는데 주로 현금이나 현금 등가물이며 유동성 있는 자산으로 불린다. 진정한 자산가가 되는 비결에서는 1등급 자산을 견고하게 보유해야 한다. 은행은 스트레스 테스트와 감사를 통해 기본 자본의 유동성 수준을 평가하여 금융위기에 대처할 수 있는 능력을 판단한다. 세계 각국의 정부는 2008년 금융위기 이후 은행이 건전한 기본 자산 수준을 유지하도록 다양한 요건을 마련했다.

회계에서 기본 자산은 유동 자산으로 불린다. 단기적이고 유동성이 높으며 12개월 안에 처분할 수 있다(회계에서 장기 자산은 일반적으로 고정 자산이라고 부른다). 유동성이 높은 자산은 보통 예금 계좌나 수시입출식 예금, 단기 CD, 단기 국채, 귀금속, 올바른 목적으로 보유할 경우 암호 자산의 현금도 여기에 포함될 수 있다.

귀금속의 역할

귀금속은 유동성이 높으며 역사 시대 이래 가치를 저장하는 역할을 했다. 중국에서 고안된 지폐는 원래 은이나 금과 같은 실물 자산으로 보증되었다. 정부의 신용에 대한 신뢰만으로 지폐를 보증하는 것은 비교적 새로운 발명이다. 이러한 변화는 1971년 닉슨 대통령이 달러화와 금 태환을 정지하면서부터 시작되었다. 1971년 이전에는 미 달러화를 고정된 비율로 금이나 은으로 교환할 수 있었다.

달러화는 제2차 세계대전 이후 체결된 브레턴우즈 협약(Bretton Woods Agreement)으로 세계의 준비통화가 되었다. 전후 미국이 초

강대국으로 올라섰고 귀금속으로 달러 가치를 지지할 의사가 있었기 때문에 세계는 미 달러를 신뢰했다. 이로 인해 전 세계 무역과 국제 금융 거래에서 미국은 큰 이득을 봤다. 세계의 준비통화를 보유하지 않은 다른 나라는 화폐를 무제한 찍어낼 수 없었다.

미국이 금본위제를 탈퇴한 것은 50년 만에 세계 최대의 채권국에서 오늘날의 부채로 성장하는 경제로 전락한 주된 이유다. 이는 위험한 실험이었고 통화 위기(궁극적으로는 신뢰의 위기)로 막을 내릴 가능성이 있다. 이에 따라 세계는 도시 실물 자산으로 지지가 되는 새로운 준비통화 체계가 마련되어 공공의 신뢰를 회복하고 혼돈을 막을 것이다. 안타깝게도 역사상 이러한 패턴이 반복되었다. 역사적으로 세계 최고의 부자 가문과 나라, 특히 중앙은행은 기본 유동성을 확보하기 위해 금을 직접 보유하거나 이용할 수 있는 상태를 유지해왔다.

만일에 대비할 것

모든 시장에는 호황과 불황이 존재하기 때문에 대차대조표에 건전한 기본 자산을 유지하고 싶을 것이다. 투자 세계에서는 드라이 파우더(dry powder, 투자의 목적으로 모금되었으나 실제 투자 집행이 이루어지지 않은 미투자 자금 – 역자 주)라고 부르는 현금을 항상 활용할 수 있어야 한다. 다음번에 시장이 붕괴할 때 드라이 파우더가 필요해질 것이다. 시장이 조정을 받거나 붕괴할 때 접근 가능한 양질의 거래를 활용할 수 있는 것은 이 방법뿐이다.

언젠가 한 유명한 투자자가 '거리에 유혈이 낭자할 때 사라'는 말을 남겼다. 매수하기에 최적의 시기는 사람들이 우리가 아는 세계에 종말이 다가오고 있다고 생각하고 유동성이 마르며 자산 가치가 폭락하는 공황이 왔을 때다. 기본 자산을 보유하고 있지 않으면 '거리에 유혈이 낭자할 때' 기회를 잡고 매수할 수 없다.

일반적인 금융 자문에서는 6개월 치 생활비와 같은 '비상용' 현금을 보유하라고 조언한다. 진정한 자산가가 되는 비결은 어떤 조처를 해야 할지 알려준다. 분명히 긴급한 상황을 위한 예금이 일부 필요하며 이는 상식과도 같다. 하지만 더 큰 그림과 목적에서는 진정한 자산가가 되는 비결의 자산 계좌가 있으며 그 자본을 어떻게 관리하는지가 중요하다. 자산 계좌는 구매를 원할 때마다 약탈하고 강탈하는 '저축 계좌'가 아니다. 삶이 곤궁해지면 1~2년마다 꺼내 쓰는 '비상금'도 아니다. 현대 사회와 문화에서 정의된 '은퇴'를 위한 자금도 아니다. 재산을 불리는 장치이며 유산을 만들기 위한 계좌다. 은퇴 후에 자금을 제공하는가? 물론 그렇지만, 그보다 훨씬 더 많은 기능을 한다.

진정한 자산가가 되는 비결의 모델을 따라 현금흐름 자산에 집중하면 '비상금'에 의존하지 않을 수 있다. 항상 불로 소득이 발생하기 때문이다. 이제는 기본 유동성 비율, 드라이 파우더, 혼돈의 헤지에 더 관심을 두게 된다. 다시 말하지만 견고한 대차대조표를 만드는 것이다.

보완 자산(T2): 보완 자산은 현금흐름 자산이며 대차대조표에서 보유하고 있는 자산이나 순자산에서 상당 부분을 차지한다. 보완 자산의 예로는 꾸준히 이익을 창출하는 정착한 기업을 들 수 있다. 연봉을 지급할 뿐만 아니라 연간 이익을 안겨주는 주요 기업이나 수동적 투자자 또는 유한책임사원으로 참여하고 있는 기업일 수 있다. 보완 자산의 핵심적인 특징은 지속해서 현금흐름을 창출한다는 것이다. 적극적 자산이나 수동적 자산을 떠나 목표는 시간을 활용할 수 있는 수동적 자산을 지향하는 것이다.

보완 자산은 유배당주, 상장지수펀드(ETF), 폐쇄형 펀드(CEF)와 같은 핵심 투자 대상의 일부일 수도 있다. 하지만 투기성 투자여서는 안 된다. 배당을 지급하는 블루칩, 지방채와 장단기 국채, 기업 채권으로 구성된 포트폴리오가 보완 자산에 해당할 수 있다. 약속 어음, 기초 자산으로 보증되는 채권(기초 부동산의 1차 모기지 신탁증서로 보증된 주택 모기지 등), 로열티, 지적재산권에서 발생하는 라이선스 사용료 역시 보완 자산이 될 수 있다.

준보완 자산(T3): 준보완 자산은 가치가 상승하는 자산과 투기 성격이 있는 자산이다. 미래의 어느 시점까지 소득이나 배당이 발생하지 않을 수 있으며 발생한다고 하더라도 현금흐름에 전혀 이바지하지 않을 수도 있다. 위험도가 높은 성장주, 가치가 오르내리는 부동산이 여기에 해당한다. 준보완 자산은 자본 이익을 얻을 가능성이 있다. 자본 이익에는 양도소득세가 부과되지만 매각하기 전까지 가치는 알 수 없다.

일부 자산은 취득 시 매입 의도에 따라 하나 이상의 카테고리로 분류할 수 있다. 귀금속을 기본 자산의 일부로 보유할 수 있으나 시간이 흐르면서 가치가 상승하면 준보완 자산으로 여길 수 있다. 배당금을 지급하는 주식을 보유하고 있으나 시간이 지나 가치가 상승할 수도 있다. 배당금을 지급하는 기업은 보완 자산으로 분류될 가능성이 크나 소득을 지급하는 것보다 성장 잠재력이 크다면 준보완 자산으로 다시 분류한다. 경험을 통해 자산을 분류하는 최적의 방법을 발견할 것이다.

자산을 배분하는 특별한 접근법

자산을 세 개의 등급으로 나눈 것은 유동성이 부족하거나 미처 모르는 사이에 위험하고 투기 성격이 높은 부의 현금흐름 창출 자산에 과도하게 배분하는 상황에 부닥치지 않기 위해서다. 우리는 언제나 ND2 배분을 추적하고 관심을 기울여야 한다. 대출자가 아닌 대출 기관인 은행 입장에서 자산 기반을 생각해야 한다. 이것이 진정한 자산가가 되는 비결의 사고이자 사고방식이다. 이러한 개념을 실천하면 시간이 갈수록 나 이외의 세계를 보게 되고 가족과 지역 사회를 위한 자원을 비축하며 유산을 형성하기 시작한다.

ND2 자본 배분 모델을 사용하는 또 다른 이유가 있다. 진정한 자산가가 되는 비결은 일반적인 재무 설계사나 투자 업계와 다른 시각으로 자산 배분을 바라본다. 업계에서는 자산을 배분할 때 대체로 주식, 채권, 보험만 고려한다. 전문가 대부분은 '대안적' 유형의 자산을 판매하는 라이선스를 가지고 있거나 수수료를 받지 않는다. 이 때문에 기존의 설계사에게는 주식 시장에 한정되거나 양질의 부동산, 현금흐름을 창출하는 성공적인 기업, 귀금속 등의 기타 중요한 자산을 고려하지 않는 조언을 듣는 것이다.

하지만 ND2 공식은 자산을 폭넓게 배분하는 것 이상의 일을 한다. 이는 진정한 자산가가 되는 비결에서만 찾아볼 수 있는 기능이다. ND2는 투자 결과에 미치는 자산군 자체의 지배적인 특징과 이를 대차대조표에 보유하고 있어야 하는 주된 이유를 파악하는데 도움이 된다. 이 높은 수준의 초점은 자산 구축에 안전성, 보안, 현금흐름, 모멘텀에 대한 추진력을 더한다.

T1, T2, T3의 배분 방법

일반적으로 기본적인 ND2 비율을 다음과 같이 제시한다. 즉, 자금이 쌓이면서 자산 계좌에 자본을 배분하는 방법이다. 매달 복리 효과가 일어나고 불어나는 자산 기반을 구축하는 과정이 시작되어 해마다 가난해지지 않고 더 부유해지는 방법이기도 하다.

- T1 현금 및 현금 등가물(유동성): 10%
- T2 현금흐름 자산(투자): 70%
- T3 가치가 상승하는 자산(투기): 20%

위에서 핵심적인 표현을 발견했을 것이다. 바로 유동성, 투자, 투기다. 이러한 용어는 진정한 자산가가 되는 비결과 ND2 자본 배분 공식에서 특별하고 중요한 단어다. 보유하고 있는 자산의 핵심적인 성격을 분명히 구분 지어 위험 관리에서 매우 중요한 절차를 시작하게 해준다.

ND2 비율을 살펴보면 핵심이 T1 유동성 자산과 T2 현금흐름 자산을 T3 투기성 자산보다 먼저 설정한다는 것이다. 사람 대다수는 늘 위험이 큰 투기를 (투자라고 생각하며) 쫓아가는 실수를 범한다. 통계에 따르면 투자자 대부분이 시장에서 타이밍을 읽는데 형편없는 실력을 갖추고 있다. 이는 우연이 아니다. 금융 시장에서 실제로는 투기이거나 도박에 해당하는 상품을 '투자'라고 판매하기 때문이다. 전문 투자자와 아마추어 간 가장 큰 차이가 위험 관리임에도 이에 대해 교육을 하거나 관심을 두지 않는다.

중요한 점은 자산가야말로 돈이 필요하지 않기 때문에 한 방을 노리고 투기를 할 수 있다는 사실이다! 판단이 빗나가더라도 직업, 성공적인 사업에서 발생하는 고소득이나 다른 T2 투자에서 견고한 현금흐름이 발생한다. 또한, 안전망을 갖추고 있고 T1 유동성 비율을 통해 높은 수준의 드라이 파우더를 보유하고 있다.

절대 규칙 3(Non-discretionary rule #3, ND3): 위험 관리 규칙

진정한 자산가가 되는 비결은 성공적인 자기 주도형 투자자가 되는 체계다. 자금 마련, 미래의 재정, 자산 구축을 스스로 책임지고 남에게 전가하지 않는 주요 전략이기도 하다. 우리가 모두 자산 관리와 투자 기술을 발전시키도록 장려한다. 책임을 지는 데는 자신의 투자 기술을 냉철하게 분석하는 작업이 따른다. 이는 감정적인 기질과 위험을 감내할 수 있는 수준을 평가한다는 의미이기도 하다.

위험 회피 성향이 남들보다 더 강한 사람들이 있다. 위험을 불편하게 느끼는 사람은 기본 자산의 비율이 높고 준보완 자산의 비율이 낮을 것이다. 자신의 태도와 기술뿐 아니라 위험 감내고를 파악하면 재정에 관한 결정을 내리는 데 도움이 된다. 돈을 벌기 위해 열심히 일한 만큼 위험을 감내할 수 있는 정도와 자신이 가진 지식을 솔직하게 평가하는 것도 중요하다.

이제 개별 포트폴리오와 개별 투자 입장에서 위험을 관리하는 데 도움이 되는 개념과 규칙을 살펴볼 것이다. ND2를 사용해 자산 계좌의 자본 배분과 위험 관리를 큰 그림에서 조명하겠다. 이어 보다 구체적인 ND3 규칙을 통해 개별 포트폴리오나 개별 투자의 입장을 자세히 살펴보겠다.

다섯 가지 핵심 투자 규칙

다섯 가지 규칙을 살펴볼 텐데 투자 결정을 내릴 때 적용하면 영혼을 괴롭히는 고통을 모면할 수 있다. 과장처럼 들리지만 그렇지 않다. 간단한 규칙을 배우기 위해 지불한 비용이 얼마인지 알고 모든 투자 결정에서 이러한 규칙을 따를 때 재앙과 같은 손실(말 그대로 회복할 수 없는 수준의 손실)을 모면할 수 있음을 안다면 매우 진지하게 받아들일 것이다. 다섯 가지 규칙은 ND3 위험 관리 공식에서 핵심 토대를 이루며 반드시 외워야 한다.

규칙 1: 자본을 지켜라

이 고전적인 규칙은 상식처럼 보이지만 고생해서 번 돈에 대한 손실 위험에 대해 신중하게 고려하고 투자를 할 때 관련되는 모든 위험을 제대로 평가하고 이해하도록 만드는 첫 번째 규칙이다.

규칙을 지킨다고 해서 앞으로 전혀 손실을 보지 않는다는 의미가 아니다. 사실 전문 투자자와 아마추어 사이의 큰 차이점 중 하나는 아마추어는 손실을 보는 것을 싫어하기 때문에 줄곧 실패하는 투자를 한다는 것이다. 많은 경우 아마추어는 시장 사이클의 바닥에서 파는 반면 전문가는 손절매하는 시점을 체계적으로 결정하여 투자를 접으며 다른 투자처로 옮겨간다. 전문가는 더 큰 손실을 피하려고 작은 손실을 기꺼이 진다.

자본을 지키는 일은 자본을 존중하는 것과 관련된다. 자금 전체를 지키는 데 드는 비용을 알고 자본을 대체하는 데 드는 시간을 아는 일이다. 재앙과 같은 손실을 피하는 일이기도 하다. 특정 투자에 관한 결정을 내리면 다른 투자에 관한 결정을 내리는 일이기도 하다는 것을 알아야 한다. 다시 말해 돈(과 시간)의 가치가 얼마인가? 져야 할 위험보다 더 큰 위험을 진다면 그렇게 하는 이유가 무엇인가? 투자에서 실제 위험(과 지각된 위험)은 무엇인가? 이러한 투자 아이디어에 어떤 대안이 있는가? (또한, 투자 수익은 얼마인가?) 등을 질문해야 한다.

자문인과 협업하는 방법

요점은 재무와 관련해 온전히 책임을 지는 것이다. 반복할 만한 가치가 있는 말이다. 자신이 직접 감당할 마음이 없는 일을 그 누구도 대신해주지 않는다. 내가 나의 돈을 지키지 않으면 누구도 지켜주지 않는다. 재무 설계사가 나의 이익을 우선시할 것이라고 가정해서는 안 된다. 경험이 풍부하고 사기를 치지 않는 좋은 사람일지라도 결정적인 순간이 되면 인간의 본성이 그를 지배하여 자신과 가족의 안위를 먼저 살피게 만든다. 바로 당신이 해야 할 일이다. 이해 상충이 존재하며 건전한 불신과 회의적 태도를 유지하는 것은 재무 상태를 유지하는 데 중요하다. 글로벌 금융위기 당시 일부 자산관리회사가 당혹스럽게 실토했듯 자문인이 '고객의 돈을 빼돌리면서' 희희낙락하는 결말을 막을 수 있다.

전문 자문인을 고용한다면 (법적 기준이 높은) 수탁자인지 확인해야 한다. 또한, 자문인이 돈을 버는 방법과 사업 모델을 파악해야 한다. 보수 기반인가, 운용 자산(AUM)에서 일정 비율을 떼는가, 수수료, 소개비, 보너스를 받는가, 아니면 이 모두를 받는가? 모든 정보가 공개되어 있는지 확인하고 해당 정보를 이해해야 한다.

보수 기반으로 일하는 시간에 수수료를 벌게 되는 금융상품을 설명(영업)하는 '수탁' 전문가를 얼마나 많이 봐왔는지 모른다. 훌륭한 자문인은 내가 돈을 관리하기를 원치 않거나 그럴 시간이 없을 때 더없이 중요하지만 그런 자문인을 찾기란 쉽지 않다.

마지막으로 강조할 사항은 자문인을 고용할 때 계속 관여해야 한다는 것이다! 얼굴을 마주하고 적어도 분기마다 한 번씩 상황을 업데이트하며 질문을 하고 끈끈한 관계를 맺어야 한다. 말해주지 않은 사항을 파악하고 실제로 진행되는 일을 행간에서 읽는 방법을 배우고 주저하지 말고 설명해 달라고 부탁해야 한다. 또한, 자료와 보고서를 직접 읽고 있고 이해하고 있음을 분명히 해야 한다. 그렇지 않으면 전화를 해서 질문을 하라! 자문인에게 책임을 물어야 한다. 반복해서 말하지만 절대 나보다 똑똑한 누군가가 나와 내 돈을 지켜 주리라 생각하거나 느껴서는 안 된다(만약 지켜준다면 운이 좋은 것이지만 그렇더라도 경계를 늦춰서는 안 된다). 돈을 지키고 불리는 일은 돈을 버는 것보다 더 어려운 기술이며, 그 일부에는 자문인에 대해 조사하고 책임을 지우는 일도 포함된다.

규칙 2: 아는 곳에 투자하라

두 번째 규칙은 중요하다. 하려는 일에 대해 이해가 되지 않으면 해서는 안 된다. 친한 친구가 좋은 아이디어라고 말했다는 이유로 투자하면 안 되는 것이다. 전문 자문인이 내 연령과 위험 성향을 토대로 펀드를 추천하며 투자를 권유하더라도 어떤 투자를 하는지 이해하거나 '수업료'를 내는 셈 치고 최소한으로 투자 금액을 낮춰야 한다. 그래야 사정을 알게 되고 학습 곡선을 파악하며 투자를 확대하기 전에 깊이 이해할 수 있다.

투자 옵션을 이해하고 있다고 생각하더라도 미처 알지 못하는 정보가 많이 있을 것이다. 상황이 겉보기와 다른 경우가 많다. 우리는 정보를 100% 가지고 있다고 생각하거나 우리의 추론이 합리적이고 정확하다고 여기지만 사실은 그렇지 않다. 투자할 때는 언제나 알려진 것보다 알려지지 않은 사실이 더 많다.

내부의 적에 대해 알기

고려해야 할 또 다른 요소가 있다. 순수한 상태의 현대 포트폴리오 이론으로는 위험의 개념을 논의할 수 없다. 우리는 실제 위험이 무엇인지, 어떻게 측정해야 하는지 모르기 때문에 자신이 실제로 자신이 감내할 수 있는 위험의 정도를 알지 못한다. 특히 인간의 본능은 언제나 숨어서 우리를 공격할 때를 기다린다. 알려진 인지 편향이 180개에 달한다는 말도 있다. 마음속에는 수천 년의 진화를 거치면서 발전되고 정제된 잠재의식 프로그램이 가동되고 있다. 인지적으로 아는 것만으로는 잠재의식에 맞설 수 없다. 이와 같은 기본적인 운영체제의 힘은 너무나도 강력하다. 다시 강조하건대, 돈을 관리하고 투자하는 데 있어 타협해서는 안 되는 절대 규칙에 기반한 체계를 사용하는 접근이 매우 중요한 이유가 여기에 있다. 문자 그대로 돈은 인생의 저장된 에너지를 나타낸다.

위험 또는 확실한 투자에 대한 진실

금융업계에 종사하는 친한 친구가 있는데 정말 똑똑한 친구다. 어느 날 '무위험' 투자에 대해 이야기를 나눴는데 친구는 특정 유형의 투자에 위험이 없다고 설명했다. 진정한 자산가가 되는 비결의 관점에서 보면 확실한 투자나 위험이 없는 투자란 존재하지 않는다. 실제 위험과 지각된 위험이 존재할 뿐이다. 사람 대다수가 무위험을 거론할 때는 사실 지각된 위험이 없다는 의미다.

인간의 본성과 (180개에 달하는) 편향은 일반적이고 친숙한 활동, 권위 있는 유명 인사가 지지하는 대상, 우리가 통제하거나 통제한다고 믿는 대상을 위험이 낮거나 위험이 없다고 간주하는 경향이 있다. 하지만 지각된 위험이 낮으나 실제로는 위험이 큰 상황이나, 반대로 지각된 위험은 크나 실제 위험은 낮은 상황이 있을 수 있다.

차량 운전이 완벽한 예다. 운전은 비교적 위험이 큰 행동으로 해마다 수백만 명이 교통사고를 당한다. 하지만 우리에게 일반적이고 친숙한 활동이기 때문에 지각된 위험이 매우 낮다. 비행은 지각된 위험이 커 많은 사람이 비행에 공포를 느끼지만, 통계적으로 보면 실제 위험은 낮다. 운전이 대다수 사람에게 일반적이고 친숙하지만(운전 중에 통제하고 있다는 느낌을 받는다), 비행은 그렇지 않다. 비행에 익숙하지 않을수록 자주 비행하는 사람과 반대로 지각된 위험(과 두려움)이 커진다. 이처럼 극단적인 예는 모두 실제 위험과는 상관이 없다. 모두 지각의 문제다.

지각된 위험은 낮으나 실제 위험이 큰 투자 사례로는 여러 해 동안 높은 성장률이 이어지다 절정에 도달했을 때를 꼽을 수 있다(2007년 부동산 시장). 주변의 모두가 돈을 벌고 있었고 언론 기사에서는 '더는 땅이 생기지 않기 때문에 부동산으로는 절대 돈을 잃지 않는다!'라는 확신에 찬 기사를 내보냈다. 우리는 사회적인 신호를 보고 편견을 확인하고 확신하는 경향이 있으며 이에 따라 지각된 위험이 낮아진다. 이 상황에서 실제 위험은 우리가 인지하는 것보다 훨씬 큰 경우가 많다.

반대의 경우도 마찬가지다. 시장이 붕괴하고 바닥을 친 후에는 사람들이 투자에 손을 대려 하지 않는다. 최근의 패닉에서 너무나도 크게 당했기 때문이다. 공포가 만연하여 지각된 위험이 큰 상태를 유지하는 반면 실제 위험은 낮다(추가로 하락할 여력이 크지 않다). 일종의 최신 사건에 대한 편향으로, 그저 최근에 발생했기 때문에 실제보다 위험이 더 크다고(또는 낮다고) 믿게 되는 것이다. 하지만 통계적으로 동일한 사건이 단기간 내에 다시 일어날 개연성은 극히 낮다. 가능하기는 하나 가능성이 떨어지는 것이다. 위험 관리에서 가장 중요한 것은 지각, 개연성, 가능성 간 차이를 이해하고 관리하는 것이다.

또 다른 예를 들어보겠다. 고향인 하와이에는 활화산이 있다. 사람들은 수십 년 동안 분출하거나 주변 가구를 위협하지 않은 특정 지역에 주택을 짓고 마을을 형성한다. 최근에 화산이 활동하지 않았기 때문에 지각된 위험이 낮거나 미미한 것이다. 하지만 지난해에 거대한 분출이 일어났고 수백 가구가 피해를 입었다. 지구에 틈이나 균열이 벌어지면서 사람들이 사는 뒷마당으로 용암이 분출된 것이다! 최악의 상황이 발생하자 문득 사람들은 흥분하기 시작했다. 하지만 실제 위험은 여전히 존재한다. 사실 용암이 분출한 지 얼마 되지 않았기 때문에 동일한 지역에 또다시 화산이 분출할 가능성은 작을 수 있으나 지각된 위험은 매우 커 많은 사람이 해당 지역에 다시 집을 짓지 않을 것이다.

기억할 진정한 자산가가 되는 비결의 규칙: 투자에 관한 한 무위험은 존재하지 않는다. 위험 관리가 있을 뿐이다.

제삼자 상대방 위험은 항상 존재한다. 상대방이 파산하면서 약속을 이행하지 않거나 시장 가격이 왜곡되는 것이다. 심지어 연방예금보험공사(FDIC)가 보증하는 은행 계좌에도 위험이 있다. 은행도 파산할 수 있고 정부도 파산할 가능성이 있다. 그런 일이 실제로 벌어진다. 자주는 아니더라도 과거에 현실로 벌어졌으며 앞으로도 언젠가 100% 다시 일어날 일이다.

이 규칙에는 단 하나의 예외가 있는데, 빚을 청산하는 것이다. 이자가 평균 10%인 부채를 조기에 상환하면 대출 기관에 내지 않아도 되는 금액에 대해 10%의 투자자본수익률(return on investment)

이 대출 기관이 아닌 내 주머니로 들어온다. 수익률이 사전에 알려져 있고 완전히 보장되어 있어서 유일하게 위험이 없는 '투자'인 셈이다.

사실 대규모 악성 부채가 있는 사람들이라면 ND1 규칙을 10/20/70으로 수정하여 20%를 부채를 빠르게 상환하는 데 쓰고 자산 계좌에는 부채가 사라질 때까지 소득을 배분하지 않는 방안을 고려할 수 있다. 부채를 상환한 이후에는 20%를 자산 계좌에 적용하면 된다.

규칙 3 : 작게 시작해서 크게 키워라

작은 거래에서 시작할 기회를 모색하라. 투자 종류에 따라 더 쉽게 기회를 찾을 수 있는 예도 있다. 예를 들어 증권거래 계좌를 개설해서 블루칩 배당주를 몇 주 사는 일은 어렵지 않다. 시간이 흐르면서 어떤 일이 일어나는지 관찰할 기회가 마련되며 어떤 요인에서 주식 가치가 오르거나 내리는지 알 수 있게 된다. 비교적 낮은 위험으로 경험을 얻을 수 있다.

돈을 빌려주는 데는 약간의 위험이 따른다. 오늘날에는 P2P 대출(온라인에서 여럿의 투자금을 모아 다른 개인이나 기업에 빌려주는 방식으로 대출을 중개하는 금융 서비스 – 역자 주) 네트워크를 손쉽게 시작할 수 있다. 25달러 이상이면 계좌를 만들 수 있다. 사람들에게 돈을 빌려주고 이자를 받는 것은 작게 시작해서 크게 키울 훌륭한 기회다. 금융시스템의 외부에서 내부로 진입할 수 있도록 만들어준다.

진정한 자산가가 되는 비결을 기록한 일기와 대출을 제공한 기간에 일어난 일을 기록하면 실수를 저질렀을 때 무엇이 어떤 이유에서 잘못됐는지 파악할 수 있다. 모든 일에서 배우고 미래의 거래를 위해 메모를 참고하면 경험을 통해 최대의 학습 효과를 얻을 수 있다. 대차대조표에서 자기 자신이야말로 가장 큰 자산임을 잊지 말아야 한다.

파트너십도 작게 시작해서 크게 키우는 방법이다. 부동산에 투자하거나 임대 부동산을 소유하거나 새로운 사업을 시작하는 옵션이 되며 경험이 더 풍부한 파트너에게 배우고 위험을 낮추는 기회가 된다.

일반적 규칙에 따라 새로운 투자를 할 때는 최대한 작은 규모로 시작해야 한다. 최초의 경험은 배우는 과정이 될 가능성이 크므로 수업료를 최소화하고 교육적 가치를 최대화하는 것이 낫다. 나는 항상 최초의 투자는 수업료로 간주하며 일이 잘 풀릴 것으로 절대 기대하지 않는다. 사기를 당할 수도 있고 정보가 부정확할 수도 있으며 시기가 나쁘거나 오해가 있거나 비현실적인 기대를 품었을 가능성이 있기 때문이다. 이 규칙을 따르면 설사 성과가 좋지 않더라도 이미 가치 있는 교훈을 얻었고 수업료를 최소화했기 때문에 큰 문제가 되지 않는다.

규칙 4: 현금흐름, 트렌드, 가치에 배분하라

배분은 투자에 금액을 어떻게 분배하는지를 가리킨다. 대차대조표에서 투자에 양의 현금흐름이 발생하는지, 상승세인지 하락세인지, 기초 가치가 얼마인지와 같이 어떤 일이 벌어지고 있는지 주의를 기울여야 한다. 시간이 흐르면 대다수의 투자는 평균으로 회귀하는 경향이 있다. 뒤집어 말하면 과소평가되거나 과대평가되는 기간을 거친다는 뜻이다. 시장 추세와 환경에 대해 잘 알고 자산군이나 부문이 과열되는 시기에 대해 알아야 한다(모든 사람의 입에 오르고 모두가 좋은 아이디어라고 생각할 때가 과열된 때인 경우가 많다. 예를 들어 2007년쯤에는 '부동산에 투자하면 절대 손해 보지 않는다'라는 말이 돌았다. 이때는 투자액을 줄이고 재분배를 하거나, 이익이 과소평가되거나 상승세를 보이는 다른 시장이나 부문에 투자할 시기다).

기본 자산이든, 보완 자산이든, 준보완 자산이든 투자를 어떻게 배분하느냐는 기질과 밀접한 관련이 있다. 일반적인 규칙은 투자 금액의 10%를 기본 자산에, 70%를 보완 자산에, 20%를 투기성 자산에 배분하는 것이다. 각자의 상황에 따라 비율이 다를 수 있으나 ND2 비율을 새겨두고 시장 상황이 변화하면 다시 조정해야 한다.

도박사로서 성공하는 방법

도박장에서는 언제나 도박장 주인이 승자라는 보편적인 진리를 기억하길 바란다. 투기성 자산과 도박에 관심이 간다면 어떻게 이겨서 도박장 주인에게 승리를 거둘 수 있을까? 방법은 돈을 치워

버리는 것이다. ND2와 ND3 규칙에 따라 자동으로 그렇게 된다.

진정한 자산가가 되는 비결에서는 부채를 제거했던 것과 마찬가지로 비재량적인 견제와 균형 시스템이 작동하여 감정에 이끌리지 않도록 막는다. 도박을 좋아하는 사람은 포트폴리오에서 준보완 자산의 배분 비율을 제한하는 것이 현명하다. 시장의 변동성이 클 때 막대한 손실을 원하는 사람은 없다.

예를 들어 포트폴리오에 10만 달러가 있고 투기성 자산의 비율을 20%로 제한하면 투자할 수 있는 금액은 2만 달러다. 이제 위험을 보수적인 수준으로 제한하면서도 상승세의 시장에서 이익을 노릴 기회를 열어 놨다. 판단이 틀렸다 해도 재앙과 같은 손실을 보지는 않는다. 만약 판단이 옳았다면 전체 가용 자본이 증가하고 다음번에 새로운 총액의 새로운 비율로 투자할 수 있다. 이는 원칙에 따라 투자하고 돈을 잃기가 십상인 '흥분되는' 아이디어를 좇지 않도록 해준다. 투자는 많은 경우 위험이 낮을 때 장기적으로 더 나은 성과를 내는 따분한 일임을 잊지 말라.

가치가 상승하여 과대평가되었거나 특히 상승세가 꺾인 자산이 있다면 재조정을 하거나 일부를 매각하고 그 자본을 과소평가된 자본에 투자하여 대차대조표상에서 ND2 비율을 유지하도록 해야 한다. 자산이 현금흐름을 창출하고 과소평가되었거나 상승세를 타고 있다면 추세를 따를 수도 있다. 자신이 세운 규칙에 따라 결정을 내려야 한다.

규칙 5: 출구 전략을 파악하라

프로와 아마추어를 단적으로 가르는 요소가 출구 전략일 것이다. 대다수 사람은 투자할 때 투자를 정리하는 방법에 대해 거의 생각하지 않는다. 투자하기에 앞서 매수 시점뿐 아니라 매도 시점을 아는 것도 중요하다.

투자를 실행하기 전에 어떻게 투자를 회수할지 알아야 한다. 파트너와 제휴하여 동업하는 때도 매수/매도 조항을 통해 출구 전략을 마련해야 한다. 동업에는 주식 포트폴리오를 관리하는 것과는 다른 범주의 출구 전략이 필요하다. 투자 유형마다 출구 전략이 제각각이다. 언제 어떻게 투자를 회수할지 끊임없이 자문해야 한다.

주식과 같이 공개적으로 거래되는 증권의 경우 출구 시점을 알려주는 구체적인 손절매 전략이 있다. 투자를 집행하기 전에 미리 손절매해야 하는 경우를 계산한다. 부동산에서는 지표와 출구 전략을 고려할 때 총수입배수(gross rent multiplier) 비율, 금리 추세, 시장잔류기간, 재고 비율, 경쟁 제안, 가격 하락과 같은 기타 요소를 살펴봐야 한다.

감정적 결정을 피하는 방법

처음 네 개의 규칙과 특히 규칙 2, 규칙 3을 지키면 끊임없이 배우는 과정을 유지할 수 있으며 규칙 4, 규칙 5를 지키는 과정에서 추가적인 지식을 얻을 수 있다. 절대 규칙으로 구성된 체계를 갖추면 칵테일 파티에서 주식 관련 팁을 엿듣거나(흥분!) 뉴스에서 실망스러운 소식을 접해(침울) 기분에 따라 움직이지 않을 수 있다. 두려움이나 흥분에 따라 감정적인 결정을 내리는 일을 피해야 한다.

통계는 대다수의 개인 투자자가 돈과 관련해 형편없는 결정을 내린다는 사실을 보여준다. 전문가라도 수수료가 개입되면 개인 투자자보다 크게 더 나은 결정을 내리지 못한다. 자신을 교육하고 투자 방법과 시기를 결정하는 절대 규칙을 개발하는 것은 각자의 몫이다.

너 자신을 알라

투자에는 여러 옵션이 있다. 대차대조표의 자산 유형은 전통적인 재무 설계자가 선호하던 주식, 채권에 국한되지 않는다. 사람들의 기질과 생활양식은 서로 달라서 대차대조표도 그 모습이 다르다.

주식과 채권이 적합한 투자자도 있지만 다른 투자자는 부동산과 같은 실물 자산과 유형 자산을 '직접 주무르기를' 선호한다. 가족 중에 지방채 투자에 경험이 있는 사람이 있으면 채권 포트폴리오를 관리하는 데 도움이 될 수 있다. 일부 자산은 다른 자산보다 관리하기가 복잡하며 특정 성격의 투자자가 더 매력을 느낄 수 있다. 자유, 안전, 성취감을 느끼는 수준은 개인마다 다르며 서로 다른 모양의 투자와 대차대조표 관리로 이어진다. 기존의 재무 설계와 현대 포트폴리오 이론은 성격, 기질, 가치, 생활양식에 대한 기호를 무시한 채 모두에게 동일한 길을 안내했다.

진정한 자산가가 되는 비결은 큰 그림을 보고 틀의 중앙에 개인 투자자를 위치시킨다. 또한, 자기 자신과 기질, 기술, 감정적인 성질을 파악하고 자신이 운전하는 배의 선장이자 사령관이 되도록 이끈다. 전문가의 도움을 얻더라도 전개되는 상황을 속속들이 파악하고 전문가에게 제대로 된 질문을 할 책임은 우리에게 있다. 경로를 벗어날 때 이를 알아차리고 조정하는 것도 우리가 할 일이다. 직접 문제를 해결할 수 없더라도 문제를 해결하는 것은 우리의 책임이다.

부동산으로 돈을 버는 방법

부동산으로 돈을 버는 방법은 여러 가지다. 그중 하나가 플립(flip)으로, 허름한 집을 사서 리모델링한 후 신속하게 매각하는 전략이다. 플리핑이 성공하는지는 시장이 오르고 매수와 매도 시기를 파악하는 통찰력이 있느냐에 달려 있다. (반드시는 아니라도) 많은 경우에 자본이 필요하며 위험 자본에서 얻는 이익과 더불어 자신이 투입한 시간에 대해 적절하게 보수를 계산할 수 있도록 숫자에 밝아야 한다.

플리핑은 이익이 날 수 있지만, 위험한 전략이기도 하다! 시장이 반대로 움직이거나 부동산을 리모델링하는 비용을 잘못 계산하면 손실을 볼 수 있다. 플리핑이 성공하지 못해 부동산에서 돈을 벌지 못하면 어떻게 해야 하는가? 이런 시나리오에서 최선의 전략은 플립을 임대 부동산으로 전환하는 대안을 마련하는 것이다.

우리가 경험한 최대 규모의 플립은 많은 사람이 세계에서 가장 아름다운 섬이라고 생각하는 프랑스령 폴리네시아의 보라보라섬에 소유했던 부동산이다. 아주 깨끗한 석호의 개인 해변에 있는 숨막힐 듯 아름다운 주택이었는데 막대한 마이너스 현금흐름이 발생하고 우리가 감당할 수 있는 수준 이상으로 위험이 커서 곤란한 경험이었다. 우리는 억만장자에게 부동산을 매각하고 2년 만에 수백만 달러 규모의 순이익을 안겨줬다. 억만장자와의 거래 자체는 매우 힘들었지만, 이때 학습한 경험은 진정한 자산가가 되는 비결이 지금과 같은 모습으로 정립되는 데 크게 이바지했다.

임대 부동산이 훌륭한 부동산 투자가 되는 일도 있다. 양의 현금흐름을 창출할 수 있고 자산의 가치가 상승할 여력이 있으며 세제 혜택을 누릴 수도 있다. 하지만 시장 상황을 제대로 읽어야 하며 특정 위치에서는 성공하기까지 시장이 크게 움직일 수도 있다.

담보부 부채나 신탁증서를 통해 자금을 대출하는 것도 부동산 시장에 참가하는 방법이다. 이미 견고한 대차대조표를 갖추고 가족 은행을 시작할 때만 고려할 옵션이다(다음 섹션 참고). 이 경우에는 담보물에 대해 약속어음으로 대출을 제공할 여건이 된다. 돈을 빌려줄 때는 대출자가 파산하고 부동산이 압류되는 때를 대비하여 임대와 플립에 미리 경험이 있는 것이 좋다. 대차대조표에 약속어음 대신 부동산이 남게 되면 수리해서 임대하거나 자금을 회수하도록 매각해야 한다.

부동산으로 돈을 버는 네 번째 방법은 부동산 투자신탁회사(REITS, 리츠)다. 많은 경우 리츠는 대출이나 부동산으로 구성되고 양의 현금흐름이 발생하는 포트폴리오를 갖춘 상장 기업이다. 일반적으로 이익의 90%를 매달 배당을 통해 주주에게 배분한다. 특정 시장 상황에서는 안정적인 수익을 제공하지만, 부동산이나 대차 시장에 참가하는 수동적인 방법이다.

증시 전략

공개적으로 거래되는 주식과 채권의 경우 다음과 같은 세 가지 핵심 사항을 알아야 한다.

1. 펀더멘털(fundamental)이나 가치평가는 무엇을 사거나 팔아야 할지를 알려준다.
2. 가격, 거래량, 추세는 언제 사거나 팔아야 할지를 알려준다.
3. 포지션 규모 정하기(개별 투자 대상에 배분하는 정도)는 어느 규모로 사거나 팔아야 할지를 알려준다.

펀더멘털 데이터와 가치평가는 투자하는 기업의 기본 건전성과 관련되어 있다. 우리가 거래하는 것은 주식과 채권이 아니라 기업의 일부다. 투자하는 기업에 대해 무엇을 알고 있는가? 적은 금액을 투자하는 경우에는 간을 보거나 추세장(가격이 한 방향으로 움직이는 시장 – 역자 주)을 이용하는 데 주력한다. 투자 금액을 늘릴수록 더 부지런해져야 한다. 기업의 재무 상태, 대차대조표, 현금흐름, 손익계산서, 배당률, 자본 효율성, 경영진의 경력, 브랜드의 가치, 영업권에 대해 알아볼 것이다. 또한, 기술의 파괴적 변화에 얼마나 민감하게 움직이는지도 고려할 것이다. 우리는 펀더멘털 데이터와 가치평가를 기초로 결정을 내릴 때 다양한 자원을 활용해 이러한 정보를 조사한다.

추세를 어떻게 정의할 수 있는가? 증시에서는 주가와 주가이동평균선이 그려진 거래량 차트를 살필 수 있다. 9일과 20일 이동 평균선은 단기 추세를, 50일 이동 평균선은 중기 추세를, 200일 이동평균선은 장기 추세를 보여주는 지표다. 전고점보다 높은 지점(상승세)와 전저점보다 낮은 지점(하락세), 추세변동(주식이 사상 최고가를 경신)과 같은 요소를 살핀다.

직선형으로 오르거나 내리는 때는 없으므로 장기 추세 내에서 단기 추세를 살펴야 한다. 또한, 주가가 지지가격과 저항가격대 사이에서 움직이는 범위도 파악해야 하는데 통합되는 상태나 추세가 없는 상태에서 특히 중요하다. 주식이 한동안 이러한 추세를 이어가면 결국 상승하거나 하락하는 방향으로 추세변동이 일어난다. 또한, 전체 시장이나 섹터의 추세가 개별 주식 전반에 큰 영향을 미친다는 사실을 기억해야 한다. 펀더멘털이 양호하고 상승세를 보이는 괜찮은 주식을 골랐더라도 전체 시장이 조정을 받거나 하락장이 펼쳐지면 주식이 전체 시장이 움직이는 방향에 크게 영향을 받을 수 있다.

포지션 규모의 결정은 개별 주식에 얼마의 자본을 배분할지에 영향을 미치며 위험 관리와 분산을 위한 ND3 공식에서 중요하다. 간단한 규칙은 5%에서 시작하는 것이다. 예를 들어 포트폴리오의 규모가 10만 달러라면 단일 포지션에 5,000달러 이상을 투자해서는 안 되며 20개의 서로 다른 포지션에 위험을 분산시킨다. 더 진전된 방식에서는 변동성에 기초한 포지션 규모 결정을 사용하며 특히 변동성이 적고 안전한 포지션에 자본을 더 많이, 변동성이 크고 위험한 포지션에 자본을 더 적게 배분한다. 대다수 사람은 정반대의 행동을 취한다. 대부분 가장 스릴 있는 '투자'에 더 많은 돈을 넣고 투기에 과도하게 배분하여 큰 손실을 보는 경우가 많다.

30개 이상의 투자 유형을 수익률과 주요 특징별로 평가한 자세한 목록을 자산 구축자 앱의 회원에게 제공하고 있다. 이 책에서 설명한 진정한 자산가가 되는 비결의 원칙에 기반하여 투자 옵션을 제대로 인식하는 방법에 익숙해지고 투기와 투자를 정확히 구분하며 투자 '상품'을 권유받았을 때를 식별하는 방법과 기초 자산이 무엇인지를 알려준다.

중요한 질문

자산이 다음 세대에 목적과 의미를 제공하려면

6장에서는 내가 중요한 질문이라고 부르는 '자산 구축 장치를 만드는 데 군이 진정한 자산가가 되는 비결을 사용하는 이유가 무엇인가? 시장에서 우리의 가치를 높이고 문제 해결 능력을 키우기 위해 성장하고 새로운 기술을 익히도록 도전하는 이유가 무엇인가? 실패 위험이 크며 실패하면 고통스럽다는 것을 알면서도 새로 벤처를 만들고 새로운 사업을 시작하는 이유가 무엇인가? 주변 사람들이 부를 과시하는 일이 더 신난다고 말할 때 지출을 통제하고 소비를 억제하는 이유가 무엇인가? 저축하고 투자를 차별화하기 위해 소비보다 더 많이 생산하는 이유가 무엇인가?'에 대해 다루겠다.

이러한 질문에 대한 답은 삶에서 인정과 성취감을 어디에서 어떻게 느끼는지에 달려 있다. 이 장에서는 자산의 개념을 보다 큰 관점에 포함하고 '진정한 자산'이 다음 세대에 목적과 의미를 제공하는 방법을 살펴보겠다.

내부에 집중 vs 외부에 집중

1943년에 심리학자 에이브러햄 매슬로(Abraham Maslow)는 인간이 다양한 욕구로 동기가 생긴다는 '욕구 단계이론'을 발전시켰다. 1단계 욕구는 음식, 거처, 의복에 대한 기본적 욕구다. 모든 인간은 안전을 원하며 그다음에는 친밀한 인간관계와 사랑을, 성취와 다른 사람의 존경 등을 원한다고 그는 주장했다. 궁극적으로 우리는 개인적인 성취를 추구한다. 도입부에 소개한 표로 돌아가 보면 더 높은 수준의 욕구가 오른쪽 위의 자산 구축자에 반영되어 있다. 우리가 주목하고자 하는 분야이며 자유와 안전, 성취감을 더 많이 느낄 수 있도록 해준다.

이 책에서 설명한 원칙을 성실하게 적용하는 사람들은 많은 경우 몇 년 안에 상당한 수준의 경제적 자유와 안전을 누린다. 성취감을 얻는 데 시간이 오래 걸릴 수 있지만 지금 당장 시작할 수 있다. 영적인 여정과 마찬가지로 내면에서 벌어지는 게임이다. 바라건대, 머지않은 어느 시점에 나보다 다른 사람에게 더 관심을 기울이고 우리와 삶을 함께 하는 다른 사람이든, 지역 사회든, 국가든

타인과의 관계를 우선시하며 선한 일을 하는 박애주의적 비전을 갖게 되는 날이 올 것이다.

진정한 자산가가 되는 비결은 건전한 관계를 유지하고 생산적인 방식으로 다른 사람의 삶에 이바지하는 것을 가치 있게 여긴다. 마지막 순간에 우리는 물질적인 부를 모두 남기고 떠나기 때문이다. 진정한 성취의 성패를 가르는 것은 우리 삶 속의 관계다.

은퇴 vs 유산

오늘날의 문화와 현대 재무 계획에서는 은퇴에 주로 초점을 맞추며, 이는 자기 자신에 초점을 맞추는 또 다른 방식이다. 많은 사람이 은퇴가 흔히 말하듯 그리 좋지는 않다는 점을 발견하게 된다. 충분한 돈이나 할 일이 마련되어 있지 않다면 불행해진다. 일주일에 50~60시간을 싫어하는 일을 하며 평생을 보낸 사람은 생각이 다를 수 있겠지만 생산적인 직장 생활을 하고 사회에 이바지하며 가치를 창출한 사람에게는 은퇴라는 현대적인 개념이 그리 매력적으로 다가오지 않을 것이다.

진정한 자산가가 되는 비결에서는 은퇴에 초점을 두기보다는 유산을 만드는 데 주목한다. 유산은 우리가 일하는 이유이며, 인생의 후반에 유산에 대해 생각하는 것이 자연스럽기는 해도 나이와는 별 상관이 없다.

이제 진정한 자산가가 되는 비결에서 유산을 실행하는 방법을 최선을 다해 설명해 보겠다. 이 책을 쓰는 순간에도, 수년 동안 유산이라는 주제를 조사하고 작업하면서도 자신을 유산에 대한 전문가라고 생각해 본 적이 없다. 앞으로 설명하는 내용은 실천 매뉴얼이 아닌 핵심 개념에 대한 요약과 소개로 봐야 한다. 앞서 언급했듯 나는 변호사도, 회계사도, 공인 재무 기획사도 아니기 때문에 독자들은 재산이나 세무 계획과 관련된 사항은 공인된 전문가와 상담해야 한다. 우리가 부유하거나 학식이 높은 가문 출신이 아님을 잊지 말라. 아직도 내면의 나는 하와이의 해변을 거니는 무지한 꼬마로 앞에 주어진 과제를 파악하기 위해 최선을 다해 애쓸 뿐이다. 가족과 회사 고객들에게 나의 시도가 실험이며 우리도 배우는 과정에 있다는 점을 종종 일깨워준다! 보장된 결과가 없지만 적어도 우리에게는 기회가 있고 성공할 기회를 높이기 위해 우리가 따라야 할 올바른 그림을 가지고 있다.

여기까지 이해했다면 유산 모델에 대해 계속 알아보겠다.

자산의 축복과 저주

가족과 자산 사이에는 흥미로운 상관관계가 있다. 관찰된 바에 따르면 물려받은 자산이 가족에게 가장 파괴적인 역할을 한다. 아이러니하게도 많은 경우에 가족은 (의견 불일치, 다툼, 소송, 지식의 부족, 과소비 때문에) 부를 상속하기에 가장 파괴적인 형태다. 가족은 재산을 파괴할 뿐만 아니라 소송을 진행하고 상속 재산의 관리와 절세에 취약하고 자산 관리가 부실하며 투자에 실패하고 전쟁, 기타 위기를 겪는다. 상속받은 자산은 학대와 약물 못지않게 가족에게 해롭다.

자산을 아무런 단서 없이 물려받으면 특권 의식과 의존성이 형성되어 다음 세대에게 힘든 일을 하고 성취를 맛보며 성장하려는 열망을 키우고 실패하고 실수에서 배울 기회를 빼앗는다. 책임감 없는 자산은 인간의 자존감과 성취감에 치명적이며 가족을 연합시키기보다는 다툼과 소송을 통해 분열시키고 이 과정에서 거액의 자금이 낭비된다.

현대 재산 상속 계획 vs 유산 형성

인생의 마무리를 앞두고 자산을 이전하는 데 전통적으로 세 가지 접근법이 사용되었다. 첫 번째는 상속 모델로, 가장 일반적인 접근법이다. 사망 후 배분하는 모델이라고 부를 수 있는데 자산의 주인이 사망하면 남은 유산을 상속인과 수령인에게 나눠주는 방식이다.

두 번째 모델은 자선 모델이다. 때때로 자산가가 상속인에게 자산을 물려주는 것을 원치 않아 재단을 설립하거나 유산을 지역의 교회에 남긴다. 이들은 자산을 모두 나눠 주는 것을 선택한다.

세 번째 옵션은 모두 써버리는 모델이다. '아이들에게 물려줄 유산을 다 쓰고 있습니다!'라는 유명한 범퍼 스티커를 떠올려보라.

오늘날 서양 문화의 가치를 잘 보여주는 표현이다.

〈유산 사분면〉

재산 상속 계획의 네 가지 모델

사망 후 배분	자선
지출	유산

이러한 세 가지 접근법은 각각 문제가 있다. 사망 후 배분하되 자산을 관리하는 데 필요한 지식과 인성을 물려주지 않는 모델은 해로울 수 있다. 전부 나눠주는 자선 모델은 '물고기 잡는 법을 가르치는' 대신 '물고기를 주는' 결과를 낳으며 의존성을 유발한다. 타인을 생존하기 위한 자원으로 바라보게 만드는 습관을 무심코 강화할 수도 있다. 또한, 자선 기관에서 받는 기금의 상당 부분이 분배가 아닌 운영에 사용되는 일도 심심치 않게 찾아볼 수 있다. 사망하기 전에 모두 써버리는 접근은 궁극적으로 자기중심주의적인 태도다. 아무것도 남지 않는 모델이다. 고인이 대단한 소비자였다는 사실만 유산으로 남기고 세상을 떠난다.

네 번째는 유산 모델로 자기 자신을 넘어서서 생각하도록 도전한다. 옛 속담에 훌륭한 사람은 유산을 자녀의 자녀에게 남긴다는 말이 있다. 진정한 자산가가 되는 비결의 모델은 유산을 얼마나 남기느냐 뿐만 아니라 언제 어떻게 남기느냐도 고려한다. 가문의 자산에 대해 다음 세대에게 언제 알리며 야망을 꺾지 않으면서도 자산을 관리할 수 있는 인성과 기술을 개발할 기회를 어떻게 제공하는지가 관심사다.

나의 가치에서 시작되는 유산 형성

아내와 나는 역기능 가정에서 가난한 어린 시절을 보냈다. 어린 나이에 기업가가 되었고 성공적으로 사업을 일구었으며 많은 실수를 통해 다양한 교훈을 얻었다. 우리 부부는 자녀들이 동일한 길을 걷기를 원하지 않았다(이 말은 아이들이 안전하지 않고 불안정한 환경에서 가난하게 자라면서 거리에서 생존하는 것을 원치 않았다는 뜻이다). 우리는 안정적인 가정에서 자녀들을 양육하고 우리와는 아주 다른 교육을 제공하고자 했다.

이와 동시에 자녀들이 원하는 대로 전부 얻는 것을 바라지도 않았다. 자녀들이 고된 일의 가치를 깨닫고 어린 나이에 우리 회사에서 일을 시작하기를 바랐다. 아홉 살이나 열 살부터 일하고 돈을 저축하는 법을 가르쳤다.

또한, 자녀들이 인생에서 작은 일에 감사하기를 바랐다. 지구상에서 가장 부유하고 현명한 왕이었던 솔로몬은 전도서에서 "그 후에 내가 생각해본즉 내 손으로 한 모든 일과 내가 수고한 모든 것이 다 헛되어 바람을 잡는 것이며 해 아래에서 무익한 것이로다"라고 기록했다(전도서 2장 11절 - 역자 주).

우리의 목표는 자원을 활용하여 다음 세대가 성공을 거두고 사회의 생산적인 일원으로 준비되도록 도우며 가족 공동의 대차대조표에 계속 이바지하는 것이다. 우리는 어떤 자산을 가지고 있더라도 가족을 파괴하지 않도록 유산을 형성하는 일에 집중하고 있다.

참고로 사람들을 피폐하게 만들고 가족에게 혼동을 일으키기 위해서는 많은 돈이 있어야 한다고 생각하기 쉽지만, 가족 중 누군가가 유언장, 신탁, 명확한 지시 없이 사망했을 때 형제자매나 상속인이 극히 사소한 일을 놓고 싸움을 벌이는 것을 숱하게 봐왔다. 가족을 하나로 만드는 가치 체계와 문화가 없어 상황이 더 악화되었다. 그러므로 여기에서 '자산(wealth)'이라고 할 때는 돈, 자원, 자산(asset) 이상의 유산, 즉 우리가 만드는 모범 사례, 인격, 기술, 다음 세대에 물려주는 가치 체계를 의미한다.

여러 세대의 성공을 모델링

진정한 자산가가 되는 비결은 '사망 후 배분' 모델이나 서양 문화에 정의된 '상속'에 별 관심이 없다. 그보다는 더 포괄적으로 정의하기를 선호한다. '가족 은행'이라는 개념을 채택하여 자녀가 자체적인 대차대조표를 만들고 그 방법을 배울 기회를 얻도록 도와주고자 한다.

진정한 자산가가 되는 비결의 유산 모델은 가족 구성원이 나이들고 성숙하면서 가족이 특정 자산의 관리에 더 관여하게 되는 패밀리 오피스/가문 위원회 모델을 채택한다. 우리가 세상을 떠나면 가족들의 책임은 그다음 세대로 전달될 것이다. 이들은 (직접적인)

수혜자가 아니라 미래 세대의 수혜자에게 책임을 지는 관리인으로 행동한다.

세계에서 가장 큰 성공을 거둔 가문에서 다수가 유산 모델을 사용한다. 사실 이 모델은 태곳적부터 존재했으며 세대 간 유형 자산과 무형 자산을 이전하는 가장 오래된 모델이다. 여러 세대가 이어지면 기업이나 계약, 혹은 둘 다에서 비롯된 전문 지식에 복리가 붙을 수 있다. 다시 말해 미래 세대는 밑바닥에서 출발하는 것이 아니며 이전 세대가 만든 유산을 활용할 수 있다. 유산 모델은 개인의 책임, 성취, 노동에 가치를 부여하도록 장려한다. 자산의 소비자가 아닌 생산자를 만드는 방향을 향해 간다.

패밀리 오피스 개념

유산 모델에 따르면 모든 가족 구성원은 자신의 생활양식을 영위하는 자금을 댄다. 이는 유산 모델의 성공에 중요하며 가족 구성원이 새로운 기회에 목마르고 열망하는 상태를 유지해준다. 누구도 생계를 위해 가족의 자산에 의지하지 않는다. 각자 일하고 생산하고 시장에서 가치를 창출해야만 한다. 모두가 자신을 위해 진정한 자산가가 되는 비결의 원칙과 전략을 적용하고 자체적인 근로소득을 창출하며 소비한 것보다 더 많이 벌어들이는 방법을 배우고 자신의 자산 계좌에 자본과 자산을 구축한다.

가족 구성원이 더 큰 주택에 거주하기를 원하면 이를 위해 일해야만 한다. 더 좋은 자동차를 몰고 싶다면 구매 비용을 내기 위해 돈을 벌어야 한다. 기본적으로 유산 모델은 가족의 자금에 단서나 엄격한 조건을 단다. 그렇게 하는 의도는 자본이 흩어지는 방법을 규제하는 통제와 관습을 만들고 현금흐름 자산과 같이 올바른 종류의 프로젝트에만 자금이 배분되도록 제한하기 위해서다. 이는 각 구성원이 생산성을 유지하고 인생에서 성공을 이루도록 도와준다.

이러한 원칙을 실현하는 장치가 '패밀리 오피스'라는 개념이다. 초고액자산가는 수십 년 동안 특정한 형태의 패밀리 오피스를 활용해왔다. 패밀리 오피스를 만들려면 상당한 액수의 자산, 전문성, 자원이 필요하지만, 부유한 정도와 관계없이 누구나 이 모델을 가족과 실천할 수 있는 요소가 있다.

패밀리 오피스는 의사결정을 '제도화'하여 가족의 자산을 지키는 방법이다. 다시 말해 기업처럼 운영하는 것이다. 이 방법은 가족이 재정적으로 이해관계를 공유함으로써 함께하고 화합할 수 있도록 도와주며 미래 세대가 자신의 성공을 위해 일할 기회를 빼앗지 않으면서도 자원을 사용할 수 있도록 돕는다. 기업을 소유한 가문이 여러 세대에 걸쳐 자산을 지킬 수 있도록 도운 같은 원칙을 사용한다. 패밀리 오피스는 마치 기업과 같이 이론상 영속할 수 있다.

특히 이탈리아인들은 성공적인 패밀리 오피스를 만드는 일에 솜씨가 좋다. 세계 최고의 화기 브랜드인 베레타(Beretta)는 200년 이상 사업을 유지해온 이탈리아 가문이 소유하고 있다. 이탈리아에서 많은 와이너리와 패션 기업도 여러 세대를 이어 온 가업이다. 이 모델이 유럽 전역과 다른 지역에도 적용됐으며 종종 '올드 머니 (old money)'라고 부른다.

가문 위원회

패밀리 오피스에는 운영, 경영, 절차, 규약을 감시하는 이사회를 갖추고 있는 기업과 유사하게 일련의 조직 구조를 가지고 있어야 한다. 의사결정을 내리고 자금을 지출하며 투자를 선택하는 방법을 정하기 위해서다. 사명 선언과 중요시하는 가치도 가지고 있어야 한다. 패밀리 오피스는 로고를 포함해 기업과 유사한 구조를 다수 갖추고 있으며 세계적으로 유서가 깊은 가문의 경우 가문을 상징하는 문장을 가지고 있다. 패밀리 오피스의 또 다른 요소로 가문 위원회가 있으며 기업의 이사회에 해당하는 조직이다.

가문 위원회는 유산을 관리하는 기구다. 가문의 유산 관리에 관련된 의사결정을 내리고 모든 지출을 지시한다. 가문 위원회에 소속되려면 생산적인 활동에 관여해야 하며 가문에 크게 이바지해야 한다. 가문 위원회는 교육이든 경력 개발이든 가족 신탁의 규정에 따라 자금을 배분하며 현금흐름 자산을 위해 가족 은행의 운영 자금을 조달하는 방법을 사용할 수도 있다. 가족의 자원인 종잣돈은 현세대가 아닌 미래 세대를 위해 관리되며 가족의 재정 안정성에 이바지한다. 가문 위원회는 보조금이나 구제 금융을 지원하지 않으며 누구도 자기의 이익을 위해 위원회에서 일하지 않는다.

이 모델을 적용하는 방법을 직접 실험하고 배운 결과(다시 말하지만 우리는 부유한 가문에서 태어나거나 양육되지 않았다. 우리도 직접 체험하며 배우고 있다) 아이들이 투표에 참여할 수 없더라도 어린 나이부터 '가문 위원회' 회의에 참석시키는 것이 바람직하다(처음에는 자산을 창출한 사람이 투표권이나 거부권을 보유하며 많은 경우 자산을 형성한 1세대가 여기에 해당한다). 목표는 온 가족이 절차에 참여하고 여러 해 동안 함께 배워서 최초의 자산 형성자가 사망하더라도 가문 위원회가 제대로 기능하고 유산을 관리하는 기술을 갖추는 것이다. 그러면 두 번째 세대는 첫 번째 세대의 지시 없이 물려받고 위원회를 이끌 수 있다.

패밀리 오피스의 핵심 목표는 현재와 미래의 가족 구성원이 의미 있는 삶의 목적을 발견하고 자유, 안전, 성취감을 가져오는 길을 발견하도록 돕는 것이다. 가족의 유산이 여러 세대 동안 계속 이어지는 방법이다. 평생 학습의 기회를 제공하며 자원이 가족의 가치와 자산을 전달하는 데 제대로 사용되도록 한다.

주의할 점은 특히 시행착오를 거쳐 가족에게 맞는 모델을 파악하는 1세대의 경우 '시시한' 프로젝트란 없다는 것이다. 패밀리 오피스의 구조를 만들고 가문 위원회 위원의 기준을 만드는 방법을 정하고 효과적인 다른 요소를 모두 고려하는 데는 시간이 걸린다. 세계에서 전통적으로 초고액자산가만 이 방법을 사용한 데는 그만한 이유가 있다. 쉽지 않기 때문이다. 진정한 자산가가 되는 비결의 원칙이 작은 데서 시작해서 크게 키운다는 점을 기억해야 한다.

또한, 서로 다른 사람, 다른 유형의 인격, 이해관계, 동기, 관여 수준, 특히 존중받아야 할 자유 의지를 다루고 있는 현실을 고려해야 한다. 가족의 규모가 커짐에 따라 조정과 변경을 하는 것이 좋다.

신탁과 가족 은행

사람 대다수는 신탁이 대규모 유산이나 부자를 위한 도구라고 생각하지만 그렇지 않다. 유산의 규모가 얼마이든 신탁을 만드는 것이 합리적이며 유산 모델의 핵심 요소이기도 하다.

신탁에는 두 종류가 있다. 첫 번째는 폐지할 수 있는 신탁으로, 대다수의 생전 신탁(living trust)과 가족 신탁이 여기에 해당한다. 상속 유산의 계획에서 기초적인 요소로서 유언을 포함하며 보건과 다른 지시를 담당한다. 다른 유형으로는 폐지할 수 없는 신탁이 있으며 보다 역동적이거나 성격상 영구적이다. 이러한 유형의 신탁에는 적절하게 구조를 만들고 가족의 가치와 목표를 충족할 뿐만 아니라 효율적인 절세계획을 포함할 수 있도록 노련한 변호사의 도움을 받아야 한다.

일반적으로 신탁에는 구체적인 목적이 있다. 교육 자금을 대거나 인도주의적인 사업을 지원하거나 새로운 벤처를 시작하는 것이 그 예다. 또한, 신탁은 '가족 은행'을 포함할 수 있으며 자금이 어떻게 관리되는지를 규정한다. 가족 은행은 증권거래 계좌, 은행 계좌, LLC, 신탁이 소유한 자산을 보유하고 있는 기타 법인일 수 있다. 진정한 자산가가 되는 비결에서 신탁의 자산은 자산 계좌에서 오랫동안 불어난 자금이다. 신탁은 자산 계좌의 주인인데 이제는 다양한 자산으로 성장했을 가능성이 있다. 원래 자산을 형성한 사람이 사망하면 신탁을 통해 가족의 재산이 보존된다.

가족 은행은 패밀리 오피스를 위해 신탁의 자산 일부를 떼어놓는 수단으로 기능한다. 자본이 가치 있고 생산적인 활동에 사용되도록 만든다.

가족 구성원이 어리고 상근직으로 근무하면서 자신의 책임을 다하고 임대 부동산으로 구성된 포트폴리오 구축을 시작하려는 경우를 보자. 수리해서 임대를 놓기에 적당한 유형의 부동산을 인수하려면 현금이 필요하다. 하지만 경력을 이제 막 시작한 단계라면 수중에 현금을 가지고 있기가 어렵다. 이때 가족 은행에서 대출해 줄 수 있다. 이상적으로는 대출을 실행하는 시점에서 패밀리 오피스가 제대로 자리를 잡고 대출을 원하는 가족이 가문의 가치를 이해하고 소비자 부채나 가치가 하락하는 자산이 없는 상태인 것이 좋다.

대출을 받는 가족이 자신의 의무를 다하지 않거나 어음에 대해 상환을 하지 못하면 가족 은행은 일반 은행과 마찬가지로 부동산을 압류해야 한다.

가족 은행은 창업에도 대출을 제공할 수 있다. 이에 앞서 은행은 대출을 원하는 가족 구성원의 경력과 기술을 면밀하게 살펴서 벤처가 성공할 가능성이 큰지 판단한다. 단 지원금은 절대 제공하지 않는다. 가족 은행은 보조금이나 대출을 통해 교육 자금을 지원할 수 있다. 가족이 생산적인 방식으로 교육을 활용한다면 대출을 거저 제공하거나 지원금으로 전환할 수 있다. 하지만 지원을 받은 가족은 미래 세대를 위해 가족 은행의 가치에 이바지하도록 자금을 상환하는 것이 바람직하다. 탄력적이기는 하지만 가족 은행의 기본 목적은 미래 세대를 돕는 것이며 그러려면 대차대조표의 건전성이 높고 양호해야 한다.

연례 가족회의

연례 가족회의에서 가족은 일 년(혹은 그 이상)마다 한 번 모여 가족의 자산, 사업, 부동산, 가족 은행의 투자에 대해 논의한다.

우리 가정에서는 자녀들이 어릴 때부터 가족회의를 열었다. 이 기회를 통해 아이들에게 정직과 근면한 노동의 가치, 자산 관리 방법, 좋은 부채와 나쁜 부채의 차이, 투자에 관련된 요소, 진정한 자산가가 되는 비결의 기타 개념과 원칙을 알려줬다. 우리는 가족에게 중요한 가치를 주지시키고 아이들이 자신의 목적을 발견하며 성공하고 성취감을 느낄 수 있는 길을 찾도록 격려했다. 아울러 아이들이 자신의 자녀와 손주를 위해 가족의 자산에 이바지할 수 있도록 성공의 중요성을 논의했다.

연례 회의는 가족의 문제나 갈등을 해결할 형식을 제공하는데 이는 단순히 돈 문제를 해결하는 것보다 더 중요하다. 모든 가족은 건강 문제, 개인적 갈등, 약물 남용, 낮은 자존감, 부채, 소송, 이혼과 같이 험난한 상황을 헤쳐 가는 인생을 오르고 내리는 과정으로 가득하다. 가족회의는 묻혀 있다가 가족을 분열시킬 만한 안건을 구체적으로 논의할 기회다. 패밀리 오피스는 연합을 유도하며 연례 회의는 가족이 하나 될 좋은 기회다.

가족회의는 가족의 투자와 재무 결정에 대한 논의로 시작할 수 있다. 또한, 투자 전략이나 부동산 관리 기술과 같이 관련된 주제에 대한 교육 섹션을 포함할 수 있다(가족 구성원이 주재하거나 외부에서 게스트 또는 전문가를 초청). 이후 시간을 따로 떼어 십 대 자녀를 둔 부모가 겪을 수 있는 문제 등을 논의해도 좋다.

가족회의가 서로 뭉치고 즐겁게 지낼 훌륭한 기회임은 말할 필요도 없다. 우리는 때때로 해외에서 회의했으며 근처의 신나는 장소에서 진행한 적도 있다. 캠핑 여행을 통해 함께 '고생하는' 이벤트여도 좋다. 몇 시간 동안 가족 사업만 논의하고 마칠 수도 있다. 나머지 시간에는 함께 시간을 보내고 즐기는 것이다.

가족 문화

사람들이 유산에 대해 생각할 때 일반적으로 신탁을 세우고 유언장을 준비하는 전통적인 상속 계획을 떠올리는 경우가 많다. 하지만 가족이 중시하는 가치와 가족 문화의 유지, 가족이 일 년에 한 번 가족 문제를 논의하기 위해 모여야 하는 요건 등을 고려하는 경우는 드물다.

가족 문화에는 리더십 스타일, 전통, 신앙 문제를 포함한 공통의 가치가 포함된다. 나눔, 교육, 운동, 행복을 강조할 수도 있다. 가족 문화는 생일, 휴일, 휴가, 기타 모일 기회를 기념하는 것도 포함된다. 우리 가족의 경우 모임이 가족 문화에서 중요한 일부가 되었다. 손주들까지 모임을 기다릴 정도다. 물론 어린아이들은 가문 위원회의 회의에 참석하지 않지만 일주일 동안 모두가 함께하면서 사촌들과 즐겁게 지낸다.

가족 문화는 가족 구성원을 전문 지식, 경험, 인맥, 영적 지혜, 가족 은행의 자산 등 공통의 가치와 자원을 중심으로 뭉치게 해준다. 가족에게는 함께 모일만한 이유가 있으며 공통의 이해관계와 유무형의 가치로 인해 도전을 함께 헤쳐나간다.

끈끈한 가족은 세대가 바뀌어도 함께 성장한다. 새로운 세대는 이전 세대의 자산, 자원, 장점을 활용한다. 가정이 커나가면서 다른 가족과 지역 사회에 연결될 수도 있다. 각 가족 구성원은 자선 사업이든 기업가 활동이든 근로자로 일하든 자유롭게 열정을 펼칠 수 있다. 모두 좋은 일이다. 다양성과 차이는 가족의 약점이 아닌 강점의 일부를 차지한다. 가족 구성원이 항상 서로를 좋아하거나 모든 일에 의견을 같이하는 것은 아니지만 공통의 문제로 연합된다.

진정한 자산가가 되는 비결은 우리가 오랫동안 유지될 유산을 만드는 일을 최대한 빨리 시작하도록 격려한다. 다른 모든 일과 마찬가지로 유산을 조성하는 데도 학습 곡선이 적용되며 실수가 발생할 것이다. 일반 사업과 마찬가지로 각 요소와 관련된 절차를 조정하는 데 십 년이나 이십 년, 혹은 그 이상이 걸릴 수도 있다. 효과적인 방법과 그렇지 않은 방법을 가려내는 데도 시간이 걸린다. 절차를 표준화하고 가족 문화가 제도적으로 정착되면 유산 구조가 자연스럽게 형성될 것이다.

통계적으로 보면 전체 자산의 90% 이상이 3대 안에 사라진다고 한다. 즉, 모든 형태의 자산이 원래 형성된 시기에서 3대를 지나기 전에 소진된다는 것이다. 따라서 유산 모델의 목표는 자산에 관련된 부정적인 결과를 해결하기에 좋은 기회를 마련하는 것이다. 다시 강조하지만, 우리에게는 성공을 보장하는 비결은 없지만, 이 모델이 성공 가능성을 높여주는 한편 가족에게 함께 할 생산적이고 흥미로운 프로젝트를 제공한다고 믿는다! 그 자체로도 충분히 가치가 있는 일이다.

진정한 자산가가 된다는 것

진정한 자산가가 된다는 것

진정한 자산가가 되는 비결은 단순히 돈 이상으로 많은 것을 다룬다. 사고방식이자 축복받은 삶을 사는 방법이기도 하다. 삶에서 경제적 독립과 안전을 누리는 도구와 기술을 제공하고 긍정적인 관계, 건강, 영적 힘을 유지하는 것을 가치 있게 여기고 지지한다.

진정한 자산가가 되는 비결을 채택한다는 것은 자아 발견의 여정을 시작하고 역경에서 배운다는 의미다. 목표는 부를 얻는 과정에서 더 강하고 더 훌륭하고 더 성취감을 느끼는 사람이 되는 것이다.

누구도 비참한 부자 놈으로 인생을 마감하고 싶어 하지 않는다. 사람들이 자산을 축적하는 과정에서 남에게 상처를 입히는 일이 너무나 빈번하다. 사기를 치고 이용하고 사취하며 부패를 이용하고 남을 짓밟아 돈을 빼앗으려 한다. 아니면 더 많은 자산과 성공, 힘, 명예를 끊임없이 추구한다. 절대 만족하거나 성취감을 느끼지 못하며 삶에서 의미 있고 충만한 관계를 누리지 못한다.

진정한 자산가가 되는 비결은 삶의 질, 자유와 안전, 성취감의 추구에 높은 우선순위를 둔다. 자유와 안전은 금융 자원뿐 아니라 건전한 관계에서도 비롯되며 성취감은 사회에 대한 긍정적 기여, 조물주와의 친밀한 관계, 나 자신이 누구인지 아는 것에서 시작된다. 궁극적으로 진정한 자산은 마음에 달려 있다. 돈으로는 살 수 없는 것이다.

내가 자산을 구축하는 비결을 찾는 여정을 시작했을 때 마주치는 그 무엇에서도 내가 원하던 성취감을 얻을 수 없는 지점에 이르렀다. 나는 불만족스러웠고 사람들을 원하는 대로 대하지 못하는 때도 있었다. 다른 사람이 나에 대해 가진 의견이 내가 나 자신을 바라보는 데 영향을 미쳤다. 나는 행복을 위해 그저 숫자, 외적인 성공, 진전, 성과 등 겉으로 드러나는 모습만 바라보고 있었다. 오늘날조차 이러한 내면의 적이 추악한 고개를 들기 때문에 끊임없는 성찰이 필요하다.

많은 사람이 부자가 되는 것과 하나님의 사랑을 받는 것 중에 선택해야 한다고 오해한다. 중요한 것은 우리가 시간과 에너지를 어떻게 사용하느냐다. 우리가 사람보다 물질을 더 중시한다면 원하는 바를 얻기 위해 사람들을 혹사할 것이다. 다른 사람과의 관계를 중요시하지만, 야망과 성공이 나쁘다고 여기면 우리 자신이 결과를 내는 데 방해가 될 것이다. 진정한 자산가가 되는 비결에 따르면 우리는 둘 다 동시에 해낼 수 있다. 우리가 자신에게 책임을 지고 타인을 위해 가치를 창출하며 사랑의 법에 따라 살아간다면 우리에게는 선택권이 있다.

이 책이 진정한 자산이 곧 내면의 자산임을 발견하는 데 도움이 되기를 바란다. 진정한 자산은 마음과 조물주에게서 온 영적 힘에서 비롯된다. 이를 이해하면 유산을 만드는 데 필요한 모든 자원을 활용할 수 있을 것이다.

다음 단계

이 책을 즐기고 진정한 자산가가 되는 비결을 계속 마스터하고 싶다면 www.TrueWealthFormula.com/book과 다음을 참고하길 바란다.

- 모바일 앱을 내려받아 자산 구축자 커뮤니티에 가입한다.
- 실천 또는 코칭 프로그램에서 하나를 구독한다.
- 영향을 미치고 싶은 사람과 이 책을 공유하거나 선물한다.
- 의견이나 경험을 저자에게 보낸다. 여러분의 의견을 기다립니다!

감사의 말씀

아름답고 성실한 나의 아내 다니에게. 당신은 내게 선물이고 축복입니다. 당신의 열정과 지치지 않는 정신은 우리 가족뿐만 아니라 수백만 명에게 영원히 지속할 영향을 미쳤습니다. 가족에게 보여준 변함없는 헌신과 가장 어려운 시기조차 포기하지 않는 모습에 감사드립니다. 언제나 나와 나의 메시지를 믿어줘서 고맙습니다. 당신이 없었다면 진정한 자산가가 되는 비결은 빛을 보지 못했을 것입니다. 당신은 진정으로 잠언 31장의 여인이며 내게 언제나 아름다운 사람일 것입니다.

우리의 아이들 아리카(Arika), 카베(Cabe), 로만(Roman), 미카

(Micah), 크리스티나(Kristina)에게. 너희들은 모두 멋진 사람들이야. 삶을 함께 하고 너희들에게 배운 것은 무척 소중한 선물이란다. 너희들의 유머와 인내, 전사의 마음을 가진 것에 감사한단다. 너희들은 다음 세대로서 세상이 너희 것이며 모든 일을 극복할 능력을 지니고 있단다. 너희들을 믿는단다.

어머니 아버지께. 삶을 선택하시고 언제나 최선을 다해주시며 늘 저를 격려하고 믿어주셔서 감사합니다. 두 분 모두 사랑하고 두 분의 아들로서 유산을 이어갈 수 있어 영광입니다.

조물주께. 세상에 당신과 같은 분은 없으며 당신과 같은 은혜와 자비, 사랑을 베풀어주는 분은 없습니다. 삶의 호흡이 되고 영원한 지혜와 인내를 보여주셔서 감사합니다. 아버지가 되어주시고 길을 가르쳐 주시며 도덕률을 알려주셔서 감사드립니다. 모든 자유와 안전, 성취감의 진정한 근원이십니다. 이 책을 통해 당신과 당신의 길, 영원한 법에 경의를 표합니다.

인생 여정에서 영감을 불어 넣어 주신 많은 멘토, 가이드, 선생님에게. 지식을 적극적으로 공유해 주시고 성장하도록 격려해 주셔서 감사합니다.

생각을 정리하고 마침내 책을 탈고할 수 있도록 인내심 있게 도와준 편집자와 프로젝트 관리자분들에게 나와 다른 많은 사람이 노고에 감사드린다는 말을 전해드립니다.

멋진 고객분들께. 이 책의 원칙에 보여준 노력과 이 세상에 꼭 필요한 변화를 일으켜 주신 데 감사드립니다. 여러분의 격려, 지원, 피드백은 진정한 자산가가 되는 비결을 개선하고 메시지를 널리 알리는 데 도움이 되었습니다. 여러분이 없었다면 불가능한 일이 었을 것입니다. 언제나 겸손하고 감사하는 태도를 잃지 않겠습니다.